Rafael González Serrano

**El inviable estado palestino
y otras consideraciones**

Celesta

Colección Luz axial

RAFAEL GONZÁLEZ SERRANO

EL INVIABLE ESTADO PALESTINO Y OTRAS CONSIDERACIONES

CELESTA

COLECCIÓN LUZ AXIAL, 1

Diseño de cubierta: RAGSE

Primera edición, 2025

© Rafael González Serrano
© Celesta
C/ Nieremberg, nº5, 5ºA
28002 – Madrid
editorialcelesta@gmail.com

ISBN: 978-84-126149-8-5
Depósito legal: M-6329 -2025

Prólogo

Se reúnen en este libro cuatro artículos extensos, o ensayos, en los que se plasman ideas personales sobre varios temas, que se mueven entre lo histórico, lo social, lo cultural y lo geopolítico.

Podría decirse que en todos ellos hay un referente común, que sería cómo ha confrontado la civilización occidental con el Islam, y viceversa, a lo largo del tiempo y en diversas latitudes, aunque sólo se hayan analizado, por limitaciones de tiempo y espacio, determinados casos.

Contacto secular entre ambas civilizaciones que puede estimarse por lo general como conflictivo (ya ciertos autores lo han calificado como "choque civilizatorio"). Esa confrontación ha oscilado entre la tensa tolerancia y la abierta hostilidad —que ha derivado en bastantes casos en la violencia y la guerra abierta— por mucho que ciertos publicistas parciales hayan querido presentar esa relación como convivencia respetuosa, en unos casos, o culpable de una parte —la occidental, claro— en otros.

El primer artículo versa sobre la imposibilidad, al menos actualmente, de poder establecerse un estado palestino, debido a la complejidad de la situación regional y a la sumamente conflictiva evolución histórica de los acontecimientos en esa zona.

En el segundo, se señala cómo la conflictividad entre las distintas comunidades religiosa han provocado un avispero de enfrentamientos —una guerra civil de más de quince años– en el Líbano, así como la posible traslación de ese fenómeno de tensiones 'comunitaristas' –la 'libanización'– a unas sociedades occidentales cada vez más fragmentarias y en vías de descomposición, sobre todo las europeas.

Si hay un pueblo que ha sufrido un masivo y cruel exterminio a lo largo de la historia, y cuya tragedia no ha sido denunciada con la suficiente contundencia (el caso de los judíos ha tenido mucha más resonancia), es el pueblo armenio. En el tercer artículo se analiza ese genocidio que acabó con las tres cuartas partes de la población a manos de sus verdugos musulmanes: primero el Imperio otomano; luego, la República turca.

Por último, se ha examinado la pretendida herencia étnica árabe en la población española actual, demostrándose tanto por los estudios históricos y culturales (desde la toponimia a las creencias religiosas), como por los científicos pertenecientes al campo de la genética, como ese legado es escaso en el componente biológico presente así como en la concepción de la existencia, más influida por la tradición cristiana.

Aunque se pueden leer independientemente, bien podría distinguirse un hilo conductor común en todos los ensayos de tal manera que, aunque no lo sean, pudieran considerarse como los capítulos de un libro. Esa ya citada condición antitética entre dos culturas contrapuestas sería el cauce por el que discurriría el flujo de los textos.

Ciertamente al ser ensayos, aunque con fundamento en diversos estudios y bibliografía, no son unas demostraciones excluyentes –como un teorema matemático–, por lo que podrían ser cuestionadas por otras hipótesis contrarias, o complementadas por propuestas con otros enfoques alternativos. Precisamente, un ensayo es el tipo de escrito que, aunque racional, no es objeto de conclusiones categóricas, y siempre es susceptible de ser sometido a contrastes y debates.

Respecto a la bibliografía, se ha añadido una selecta al final de cada apartado o sección –si le damos la conformación ya sugerida de los capítulos de un libro–, para complementar lo que se apunta en cada texto, como guía para quien quiera profundizar más en cada tema. En lugar de citar según orden alfabético de autor o por fecha de publicación, se han ido recogiendo esa bibliografía por orden de aparición en los propios artículos: primero la de los autores citados; luego la de las páginas webs usadas como referencia.

Sería de desear que las páginas que siguen pudieran despertar el interés lector de quien se asome a ellas, que reflexione sobre los argumentos de las mismas, y que lleve a cabo, si así lo desea, una indagación por su cuenta sobre las consideraciones recogidas en los escritos que siguen a continuación.

El inviable estado palestino.

En Josué 1-24 se narra la conquista de los hebreos de la Tierra Prometida, con episodios como el paso del Jordán, la toma de Jericó, o las batallas del lago Merón o de Gabaón, entre otros. Estos enfrentamientos con los amorreos, los jeteos, los cananeos, los fereceos, los jeveos o los jebuseos concluirían en victoria, tomando así la mayor parte de las tierras de Canaán[1] (en torno al 1380 a. C.). Quedarían como vecinos y como feroces enemigos los filisteos (con su pentápolis: Gaza, Ascalón, Asdod, Gat y Acarón; Josué 13,3), y otros reinos tal que los de los amonitas, los moabitas, los amalecitas o los idumeos (muchos siglos después, Roma impuso en Judea precisamente un rey idumeo: Herodes).

Una vez asentados en el territorio y hecho el reparto de las tierras entre las distintas tribus (salvo a los descendientes de Leví, que se dedicarían al sacerdocio), en el trascurso de los años, los hebreos serían gobernados por los jueces y luego por los reyes, el primero de los cuales fue Saúl. A éste le sucedería David que extendió los dominios de su reino y estableció la capital en Jerusalén, aunque tuvo que sufrir la rebelión de su hijo Absalón. Le sucedió su hijo Salomón en el trono, que construyó el templo que, junto a otras construcciones,

---

[1] Esta conquista y colonización fue paulatina y no simultanea dependiendo de las diversas tribus. Véase Siegfried Herrmann, *Historia de Israel*, Sígueme, 1985. En concreto el capítulo *La penetración de las tribus en Cisjordania y Transjordania*, págs. 117 y ss.

daría magnificencia a la capital; a la par se extendió la fama de su sabiduría. A su muerte se produjo el cisma de las 10 tribus, de tal manera que el reino se fraccionó en dos. El reino de Israel al frente del cual estaba Jeroboán (un general de Salomón); y el reino de Judá, en el que reinó Roboán, hijo de Salomón (Reyes 12,20).

Los dos reinos pervivieron bajo distintos reyes, pero ambos fueron conquistados. El de Israel por loa asirios, cuyo rey Sargón tomó Samaria, la capital, anexionó el reino y llevó prisioneros a 27000 israelitas, que sufrirían el cautiverio de Nínive (Reyes 17,6). Esto ocurrió en el 721 a. C (el reino había subsistido 211 años). Otro tanto ocurriría con el reino de Judá, aunque fue más longevo. Nabucodonosor, rey babilonio, tomó Jerusalén y se anexionó el reino en el 587 a. C. También se llevó cautivos a varios miles, iniciándose el cautiverio de Babilonia (Reyes 25,8). El reino de Judá había perdurado unos 345 años.

En el año 538 a. C. los persas conquistan Babilonia poniendo fin a su imperio. Dos años después Ciro permite a los judíos volver a su país, donde llevaron a cabo la reconstrucción del templo. Regresaron más de 42.000. Aunque tributarios de los persas, pudieron reconstruir las murallas de Jerusalén hacia el 458 a. C. Luego fue Alejandro Magno el que destruyó el imperio persa y los judíos pasaron a ser tributarios de los griegos. A la muerte de aquel dependieron de la dinastía tolemaica de Egipto. En el 198 a. C. pasan a ser tributarios de Antioco III, rey seleúcida de Siria. La persecución de Antioco IV Epífanes[2] acabó por sublevar a los judíos contra su opresor. Destacó en esta lucha la figura

---

[2] Flavio Josefo, La guerra de los judíos, Gredos 1997. Libro I, págs. 77 y ss. Describe el periodo que va desde la persecución de Antioco Epífanes hasta el reinado de Herodes.

de Judas Macabeo, aunque acabó siendo derrotado por los sirios (Macabeos I, Segunda parte).

No obstante, el pueblo judío resolvió otorgar la autoridad a la familia de los Macabeos, iniciándose así la dinastía de los asmoneos. Se restableció la monarquía y se sucedieron varios reyes, en ocasiones disputándose la corona. Tal era así que Pompeyo, general romano, decidió apoyar a Hircano. Una vez rey, se hizo tributario de los romanos en el 63 a. C. Mas en el 40 a. C. el Senado romano concedió el título de rey a Herodes. De los hijos de Herodes, a su muerte, Arquelao obtuvo Judea, Idumea y Samaria, y Herodes Antipas Galilea y Perea. Mas en breve la mayor parte de los territorios fueron declarados provincia romana y serán administrados por un gobernador.

Bajo la dominación romana se produjeron por diversas causas –tensiones religiosas y políticas– dos grandes rebeliones. La primera fue durante el imperio de Vespasiano. Fue su hijo Tito el que conquista Jerusalén y destruye el Segundo Templo en el año 70 d. C. (En el Arco de Tito, en Roma, hay muestras gráficas, –bajorrelieves– de esta conquista). Con ello se produce la primera diáspora[3]. Más adelante, siendo emperador Adriano, se produjo la segunda rebelión encabezada por Simon Bar Kobja. Éste llegó a dominar la totalidad de Judea con Jerusalén y otras regiones (incluso llegó a acuñar moneda), y fueron necesaria legiones enviadas desde Siria y Britania para poder sofocar esa insurrección. En el año 135 d. C. termina la campaña. Las consecuencias fueron mucho más desastrosas: cientos de miles de muertos, multitud de prisioneros de guerra vendidos como esclavos, devastación de las comunida-

---

[3] Flavio Josefo, *La guerra de los judíos*, Gredos, 1999. Libros IV a VII. Narra la primera rebelión hasta la toma de Jerusalén por Tito.

des judías. Se produce la segunda y definitiva diáspora[4].

El topónimo Palestina, casi con toda seguridad, deriva del término *peleset*, que era el nombre dado a los filisteos en aquella época; estos eran uno de los Pueblos del Mar que en el siglo XII a C. invadieron Egipto y la costa más occidental del Próximo Oriente. Al parecer se generalizó su uso después de la toma y destrucción de Jerusalén por el emperador Adriano, tras la rebelión de Bar Kobja, que reunifico los territorios conquistados, Judea y Samaria, en la provincia romana de Siria-Palestina.

Puede concluirse, en aras de la verdad histórica, que los judíos ocuparon ese territorio de Judea-Palestina durante no menos de 1500 años. Una vez producida la diáspora del 135 d. C., parte de la población de Palestina, tanto judía como gentil, se va cristianizando, máxime tras el edicto de Constantino. Ciertamente esa población se divide entre diversas corrientes: nestorianos, monofisitas, católicos. En el trascurso de los siguientes siglos, en la Edad Media y Edad Moderna esos territorios pasaron a ser parte primero del Califato árabe y luego del Imperio otomano, salvo un muy breve periodo en 1099 donde se estableció el Reino de Jerusalén tras la llegada de los cruzados. En una zona donde el Islam se impone, la coexistencia de judíos, cristianos y musulmanes, se desequilibra a favor de estos últimos. Quedan reducidas las comunidades de los otros grupos, y además estarán sometidos al 'impuesto de protección' (la *yizya*).

Para conocer la compleja historia de los judíos tras la diáspora, hay que estudiar las distintas situaciones en

[4] H.H. Ben-Sasson, *Historia del pueblo judío* Vol 1, Alianza, 1991, pág 386 y ss.

que se encontraron dependiendo del territorio en el que se asentaron, pues lo hicieron en países donde predominaba el cristianismo o, más adelante, en zonas dominadas por el Islam. Incluso en lugares tan complejos como España, donde convivían –conflictivamente– cristianos y musulmanes. Por ello habría que atender tanto a su situación económica, como jurídica, institucional, social, cultural, o a las diferentes corrientes rabínicas, etc. Del asentamiento en los distintos países, su conformación, evolución y constitución de una identidad, se generarán los dos grandes grupos de los judíos: los askenazis, fundamentalmente en el centro de Europa; y los sefardíes, ubicados en el área mediterránea[5]. También habría que considerar la situación conflictiva en los diferentes países de establecimiento que acabaron con su expulsión en bastantes de ellos[6]. (Ya en el siglo XX, sufrirían también expulsiones masivas en diversos países musulmanes: Marruecos, Argelia, Túnez, Egipto, Libia, Iraq, Yemen, Turquía, Siria, Irán[7]. Se cifra en torno a los 800.000).

Ya a fines del siglo XIX Theodor Herzl[8] propuso la idea de crear un hogar nacional judío. Estas ideas de

---

[5] Para conocer a fondo la historia de los judíos durante la Edad Media y la Edad Moderna en Europa, véase: H. H. Ben-Sasson, *Historia del Pueblo Judío*, Vol. 2, Alianza, 1988.

[6] En este artículo se enumera los distintos reinos y territorios europeos en donde fueron expulsados así como las fechas correspondietes:https://es.wikipedia.org/wiki/Expulsion_de_los_Judios.

[7] https://embassies.gov.il/santiago/NewsAndEvents/Pages/Refugiados-judios0915-3755.aspx.

[8] Theodor Herzl era un periodista austrohúngaro que cubrió el famoso caso Dreyfus (oficial condenado por espionaje al parecer por prejuicios antijudíos). Publicó en 1896 un libro titulado *El Estado Judío*, en el que analizaba la corriente antisemita que vivía

Herzl tienen su concreción en 1897, cuando se celebra el Primer Congreso Sionista Internacional en Basilea. Allí se eligió Palestina como el futuro hogar del Estado judío, y se propuso la compra de terrenos en la región, que aún pertenecía al Imperio otomano. A partir de 1897 muchos judíos emprendieron una emigración para comprar terrenos. (Paralelamente, el antisemitismo del régimen zarista –cabe recordar *Los protocolos de los sabios* de Sión[9]– hizo que hubiera una amplia emigración de judíos rusos a Estados Unidos, Argentina y la propia Palestina).

A la caída del Imperio otomano, tras la Primera Guerra Mundial, británicos y franceses se repartieron los anteriores territorios del imperio, creando protectorados: a Gran Bretaña le correspondió Palestina según se había acordado por la Sociedad de Naciones. La presencia judía en Palestina –minoritaria hasta finales del siglo XIX– se había ido incrementado con la llegada de judíos que compraron tierras a los propietarios árabes (hay que tener en cuenta que también grupos de estos eran población nómada).

Ya desde 1917, Gran Bretaña estaba diseñando la repartición de los antiguos territorios otomanos. Para conseguir el apoyo sionista, los británicos en un documento, que pasaría a denominarse la Declaración Balfour, se declaraban favorables al establecimiento de un

---

Europa proponiendo la creación de un país que reuniera a los judíos del mundo; y constituyó el movimiento sionista, una ideología política que defendía el regreso del pueblo judío a la tierra de Israel.

[9] Alegato antisemita falso –en que se afirmaba la existencia de una conspiración judeo-masónica para hacerse con el poder mundial– elaborado para justificar los progromos contra los judíos en la Rusia zarista, y publicado por primera vez en 1902.

hogar para el pueblo judío en Palestina. Pero lo mismo habían prometido a los árabes en la persona del jerife de la Meca. En el periodo de entreguerras, la emigración de judíos había aumentado: de unos 80.000 en 1922 a más del doble una década después; lo que originó tensiones entre árabes y judíos. Estos crearon organizaciones paramilitares como Irgum, Haganah y Stern (considerados por lo general como grupos terroristas).

Durante la Segunda Guerra Mundial las autoridades británicas limitaron la llegada descontrolado de judíos a Palestina para mitigar los enfrentamientos entre árabes y judíos. Tras la victoria aliada, y hacerse públicas las atrocidades cometidas por los nazis contra los judíos en el Holocausto, se produjo un apoyo de la comunidad internacional hacia las víctimas, así como una emigración de los supervivientes hacia esa zona. Ello llevó a que la recién creada Organización de las Naciones Unidas (ONU), en su resolución 181 de noviembre de 1947 plantease la partición de Palestina, otorgando el 55% del territorio a los judíos y el 45% restante a los árabes (en esas fechas, los judíos controlaban en torno a un 10%). Esto fue aceptado por los judíos y rechazado por los árabes. Jerusalén siguió administrada por la ONU.

El 14 de mayo de 1948, justo cuando expiraba el mandato británico sobre Palestina, David Ben Gurión, líder del movimiento sionista, proclamó la creación del Estado de Israel, según sus palabras reflejadas en el Acta de Independencia, de acuerdo con el derecho natural e histórico, y basándose en la resolución de la Asamblea General de las Naciones Unidas (que estableció un régimen internacional para Jerusalén[10]). Con esta pro-

---

[10] https://unispal.un.org/pdfs/97-24262s.pdf

clamación se iniciará el conflicto bélico entre israelíes y árabes, (aunque ya antes se habían sucedido ataques recíprocos, atentados y crímenes indiscriminados con centenares de muertos).

Inmediatamente, una fuerza militar conjunta formada por unidades de Egipto, Siria, Jordania y Líbano, apoyados por Iraq y Arabia Saudí atacaron Israel. Tras un año de enfrentamientos, treguas, nuevos ataques, altos el fuego, Israel consigue la victoria, y se anexiona el 80% del territorio que se había adjudicado a los árabes palestinos: unos 3000 Km^2. Jerusalén quedó dividida: la parte oeste controlada por Israel, y la este por Jordania. E Israel acaba siendo reconocido como estado por las Naciones Unidas.

Como consecuencia de este conflicto bélico −aunque ya se había iniciado antes del mismo[11]−, se produjo el éxodo de árabes palestinos −o palestinos−, hacia el exilio, siendo desplazados a campos de refugiados; campos que aún subsisten por la negativa de los países árabes a integrar a los palestinos desplazados (luego se cifrará las poblaciones de refugiados en diversos estados). Esta huida fue denominada por los palestinos como Nabka ('desastre'), y tiene como fecha de conmemoración el 15 de mayo.

---

[11] Los múltiples casos de ataques, crímenes, matanzas −como la tristemente célebre ocurrida en la aldea de Deir Yassin− ilustran el estado de elevadísima tensión entre ambas partes. Respecto al éxodo, hay quien indica que fue propiciado por los propios líderes árabes que querían el terreno libre para su enfrentamiento militar contra los israelíes. Lo más razonable es que haya habido diversas causas, y lo cierto es que cientos de miles de palestinos se vieron obligado a huir de sus tierras y vivir como refugiados (algunos volverían a Israel, y decenas de miles se asentarían en Gaza y Cisjordania). https://unispal.un.org/pdfs/97-24262s.pdf.

Se ocasionaron otras guerras entre árabes e israelíes. En 1967 Egipto, Siria y Jordania iniciaron la Guerra de los Seis Días, que fue un completo fracaso para ellos. Consiguieron los israelíes su máxima expansión al ocupar Gaza, Cisjordania, la península del Sinaí, los Altos del Golán y Jerusalén este. En 1973 Egipto y Siria volverían a atacara a Israel en lo que sería la Guerra de Yon Kipur, y en la que, aunque inicialmente cogió por sorpresa a los israelíes y las fuerzas árabes recuperaron territorios, la contraofensiva acabaría por dar una nueva victoria a Israel.

Entretanto, los palestinos habían creado diversas fuerzas políticas y militares (por diversos organismos consideradas terroristas), como la Organización para la Liberación de Palestina (OLP, con su núcleo principal, Al-Fatah, ya existente desde 1958), el Frente Popular para la Liberación de Palestina (FPLP), o el Frente Democrático para la Liberación de Palestina (FDLP), de diversas orientaciones ideológicas (nacionalismo árabe o marxistas). A dichas fuerzas se deben episodios como el Septiembre Negro (donde la OLP, en un enfrentamiento entre 1970 y 1971, fue expulsada de Jordania por el ejército del rey Hussein, teniendo que establecerse en el sur del Líbano; lo que constituiría otra fuente de problemas). Al FPLP se le debe también atentados[12] y secuestros. Y a un nuevo grupo terrorista, precisamente denominado Septiembre Negro, se le debe el secuestro y masacre de atletas israelíes en los Juegos Olímpicos de Múnich en 1972.

Tras el establecimiento de la OLP en el sur del Líbano, ésta fue una de las facciones partícipes en la guerra

---

[12] Aunque el más tristemente célebre, el de Lockerbie en 1988, donde el vuelo 103 de Pan Am estalló pereciendo los 259 viajeros se debió a agentes de la inteligencia libia.

civil que duró de 1975 a 1990. Así hubo enfrentamientos entre los cristianos maronitas y los palestinos[13]; siendo también intervinientes en esta guerra civil las fuerzas militares de los musulmanes sunitas, los chiitas (que darían origen a Hezbola) o los drusos. Incluso Israel intervino en la guerra, invadiendo el Líbano en 1982 al ser atacados su territorio por cohetes que originaron víctimas, llegando incluso a cercar Beirut. La OLP fue expulsada del Líbano estableciéndose sus dirigentes en Túnez. Israel se retiraría de los territorios ocupados en el Líbano en el 2000.

En 1978 Israel y Egipto negociaron en unas reuniones en Camp David auspiciadas por Jimmy Carter, obtener paz por territorios. Así Israel se retiró del Sinaí y obtuvo el reconocimiento por parte de Egipto. Años después, en 1981, este acuerdo le costaría la vida al presidente egipcio Anwar el-Sadat, víctima de un atentado, pues fue tenido en determinados círculos árabes por un traidor. Más tarde, en 1995, Isaac Rabin, primer ministro israelí, y que fue el artífice de los acuerdos de paz entre Israel y Jordania (y que había participado también en los acuerdos de Oslo) será también asesinado en Tel Aviv por un ultraortodoxo.

Entre 1993 y 1995 se firmaron los acuerdos de Oslo, iniciados en la Conferencia de Madrid en 1991. Los firmantes fueron Mahmoud Abbas, de la OLP, el ministro de exteriores Shimon Peres. También estuvieron presentes el líder palestino Yasser Arafat y el primer

---

[13] En este contexto se produjo la masacre de palestinos de Sabra y Shatila —campamentos ubicados en Beirut Oeste— a manos de la Falange Libanesa, de obediencia maronita. Se ha dicho que esto fue como represalia a la matanza de cristianos de Damour por parte de los palestinos, y del asesinato del presidente Bashir Gemayel, de origen maronita.

ministro Isaac Rabin, así como el presidente Bill Clinton. El objetivo de este acuerdo era el de obtener un proceso de paz en Oriente Próximo, así como establecer un gobierno interino durante un periodo de transición de cinco años que correspondería a la Autoridad Nacional Palestina (ANP) en la franja de Gaza y Cisjordania. Una vez transcurridos los cinco años, el ejército israelí se retiraría de Gaza y de Jericó.

En 1987, 2000 y el 2017 se produjeron diferentes intifadas o revueltas. El objetivo de las mismas era la liberación de los territorios palestinos ocupados por las Fuerzas de Defensa de Israel (FDI, que es el nombre asignado a sí mismo por el ejército israelí). Por lo general, fueron promovidas por grupos religiosos extremistas. En la primera de 1987 los palestinos atacaron con piedras y otros objetos a los ocupantes israelíes, y el ejército respondió con disparos. Decayó con el acuerdo de Oslo y la creación de la ANP.

La segunda, en 2000, denominada de al-Aqsa, se originó como respuesta a la visita de Ariel Sharon a la Explanada de las mezquitas. Provocó más de 5000 palestinos muertos; también habría más de 1000 víctimas israelíes. Finalizó en 2005. La tercera intifada se produjo en 2017 y fue fruto del reconocimiento de Estados Unidos de Jerusalén como capital de Israel. Fue demandada por el líder de Hamas Ismail Haniya[14], y las protestas fueron masivas tanto en Cisjordania como en Gaza. Las FDI reprimieron a los manifestantes tanto en Gaza como en Ramala.

---

[14]En un principio se encontraría exiliado en Qatar (siendo el líder de Hamas en la franja de Gaza Yayha Sinwar); pero habría sido localizado y eliminado por Israel en su refugio en Teherán (Irán) en agosto de 2024. Yayha Sinwar, jefe supremo de Hamas en Gaza, también fue eliminado en octubre de 2024.

Ya en 1987 el jeque Ahmed Yasin, de los Hermanos Musulmanes, había fundado Hamas (rama palestina de esa organización, y grupo considerado terrorista por organismos internacionales), que a través de las Brigadas de Ezzeldin Al-Qassam emprendió hasta el 2005 una serie de atentados suicidas que ocasionaron varios cientos de muertos israelíes. Los islamistas de Hamas ganaron las elecciones en Gaza en 2007 y, tras violentas luchas intestinas entre los miembros de al-Fatah y los militantes de Hamas, se impusieron estos últimos expulsando a los primeros[15]. Mientras, Cisjordania permaneció bajo el control de la Autoridad Nacional Palestina y su presidente Mahmoud Abbas. .

Desde entonces, Hamás ha mantenido una postura agresiva contra Israel (su objetivo es la desaparición de ese Estado), perpetrando múltiples atentados; el último, el ocurrido el 7 de octubre de 2023 en un ataque sin precedentes en el que fueron brutalmente asesinadas 1200 personas: hombres, mujeres, niños, ancianos; y secuestrados varios cientos de israelíes. Este ataque fue respondido con contundencia por las FDI: bombardeos terrestres y aéreos, incursión de blindados y tropas en la franja, eliminación de combatientes de Hamas, destrucción de bases, túneles y arsenales, etc. Y también, como consecuencia de dichas acciones, decenas de miles de muertos civiles.

En Cisjordania, no se vive una situación tan al límite –aunque también se produjeron intifadas, atentados, etc.–, pero Israel ha expropiado tierras que han sido entregadas a más de 700.000 colonos judíos procedentes de todo el mundo. Y Jerusalén fue reconocida como ca-

---

[15] https://tribuna.org.mx/el-conflicto-intrapalestino-hamas-vs-al-fatah/

pital de Israel por parte de Estado Unidos (lo que produjo, como se ha señalado, la tercera intifada). En la actualidad en Israel viven un 80% de judíos y un 20% de árabes que, como ciudadanos israelíes, tienen legalmente reconocidos los mismos derechos.

Hay que tener en cuenta que el control de Hamas sobre Gaza hace que todos los recursos que lleguen, bien procedentes de la UNRWA (Agencia de las Naciones Unidas para los Refugiados Palestinos) o de otros organismos internacionales, son gestionados por esos islamistas, dedicando cierta parte de esa ayuda no a los objetivos civiles a los que debería ser destinada, sino a fines militares (armamento, construcción de bases e infraestructuras como los túneles). No obstante, al no existir una estructura estatal estable y definida que se dedique a la atención de las necesidades de la población civil, el asistencialismo llevado a cabo por los islamistas contribuyó a su popularidad, y que su supremacía sea aceptada por aquella. Muestra de su auge ya había sido la victoria en las elecciones llevadas a cabo en la franja en el año de 2007. (Ese asistencialismo fue una de las causas que contribuyó a que los Hermanos Musulmanes ganasen unas elecciones en Egipto).

A lo largo de estas líneas se ha ido exponiendo como la realidad histórica judía ha permanecido a lo largo del tiempo durante milenios (de hecho, el año 1948 de la declaración de independencia corresponde a su año 5708); mientras que la identidad de los árabes palestinos puede remontarse a la caída del Imperio otomano (antes eran súbditos del imperio, con menos signos identificativos por su pasado que egipcios o sirios, por ejemplo). Hubo árabes que llegaron a ser palestinos por azar: lo mismo podían haber sido jordanos, o sirios, o libaneses. O sea, de uno de los estados que se configuraron tras la descolonización posterior a la Segunda Guerra Mundial; creados, por lo general, de forma muy artificiosa y arbitraria.

Para que un estado se constituya tiene que haber, en primer lugar, un territorio definido en el que esté asentada una población con una identidad histórica, cultural, lingüística (puede que ni siquiera tenga que poseer una homogeneidad racial o religiosa). Ese espacio debe estar delimitado mediante fronteras estables. Y si las fronteras de Gaza o Cisjordania pueden parecer estables en la actualidad (aunque bien distintas a las establecidas para los árabes en 1947 por la ONU en su plan de partición), no es menos cierto que su separación física puede dificultar esa condición necesaria; porque lo de establecer un corredor que las una y que, por tanto, divida a Israel en dos, sólo puede ser una propuesta de mentes tan voluntaristas e ideologizadas como poco reales.

En cuanto a disponer de un pueblo (nación) preciso, también es algo problemático. Los palestinos son de raza y lengua árabe, de religión musulmana (al menos la gran mayoría; no hay que olvidar que hay árabes cristianos). ¿La identidad histórica de una nación en cuánto hay que basarla? ¿En siglos, en décadas? ¿Y la cultural? ¿Tiene la misma un árabe de Marruecos que uno de Iraq? La población palestina está distribuida en dos territorios pero también cuenta con muchos refugiados en otros países del entorno. ¿Admitiría ese supuesto Estado palestino su retorno con los problemas de todo tipo que conllevaría? Además, en Cisjordania hay más de 700.000 judíos asentados. ¿Qué haría con ellos un hipotético Estado palestino? Es más, ¿toleraría Israel su expulsión de Cisjordania acogiéndolos sin más, admitiendo el desmantelamiento de dichos asentamientos y sin ningún tipo de reacción en contra?

Abundando en la cuestión demográfica, los palestinos residentes en los dos territorios se cifran en torno a los 5,5 millones: 3,5 en Cisjordania y unos 2 millones en Gaza, aunque la densidad poblacional en esta franja sea muy elevada: más de 5.000 hab/Km^2; una de las más altas del mundo; a lo que hay que sumar una elevadísima tasa de natalidad. A esta población habría que añadir el más de un millón residentes en Israel, los 3,5 millones en Jordania, el medio millón en Líbano y Siria, los cientos de miles dispersos por Egipto, Arabia Saudí y otros países árabes, así como en el resto del mundo. Aun difícil de contabilizar, las cifras oscilarían entre 12 y 15 millones de palestinos. Insistiendo en lo dicho anteriormente, ¿pueden esos territorios acoger aunque sea un mínimo tanto por ciento de todos aquellos que desearían asentarse en esa patria palestina?

Respecto a la disponibilidad de un gobierno estable, la dificultad aumenta. No sólo hay gobiernos distintos en Gaza y Cisjordania, sino que es que además son incompatibles: el uno secular (ANP), el otro islamista (Hamas). ¿Podrían convivir ambas opciones y tener una alternancia de poder como en cualquier estado de derecho? Parece muy difícil, sobre todo por parte de los fundamentalistas religiosos, con una clara vocación totalitaria. A ello habría que sumar el recelo de los laicistas a ser derrotados y desaparecer. Tienen modelos ilustrativos como el de los Hermanos Musulmanes (fracasado, pero que sirve de ejemplo esclarecedor). O el régimen de los ayatolás en Irán; éste sí, bastante más definitivo, al estar asentado y consolidado en el tiempo.

Las diferencias entre ambas organizaciones las hacen inconciliables, ya desde sus postulados básicos: el reconocimiento del estado de Israel por buena parte de la OLP, y justo lo contrario del lado de Hamas. A lo que hay que sumar el desprestigio de la ANP, salpicada por la corrupción, y el irresistible auge de Hamas por su asistencialismo social, confesionalismo y capacidad de movilización de las masas.[16]

Por último, un estado debe poseer una constitución, o un corpus de leyes que rijan su correcto funcionamiento. Es cierto que la ANP elaboró una constitución en 2003, llamada Ley Básica de Palestina[17] que en su articulado –121 artículos– recoge los derechos y deberes del pueblo palestino. Constitución –en realidad, una constitución provisional– redactada y aprobada por el Consejo Legislativo Palestino, el parlamento unicameral de 132 miembros. En esta Ley básica se recogen temas tan espinosos como el retorno de los refugiados, el establecimiento de las fronteras o el estatus de Jerusalén, entre otros (elección de presidente y primer ministro, enmiendas y referéndums...). Su redacción fue conforme al acuerdo establecido por Israel y la OLP en 1995, aunque Yasser Arafat no consiguió su aprobación y promulgación hasta 2003[18]. ¿Serían los islamistas de Hamas capaces de asumir tal Ley Básica en la que ni siquiera participaron en su elaboración? Parece difícil pensarlo.

Sin lograr definir y conformar cuestiones esenciales de un estado como la controvertida soberanía, las normas y leyes que regirían ese futuro estado, la intervención en la economía (establecimiento de impuestos, por ejemplo), y crear instituciones, generar recursos públi-

---

[16] https://www.elsaltodiario.com/palestina/islamismo-radical-

[17] https://www.bcn.cl/procesoconstituyente/comparadordeconstituciones/constitucion/pse

[18] Puede seguirse todo el complejo proceso en el siguiente artículo: https://www2.memri.org/espanol/ sobre-la-constitucion-palestina/416

cos, regular sectores (familias, empresas, Estado), garantizar la separación de poderes, todos ellos asuntos esenciales que, sin un acuerdo de todos los sectores y agentes –internos o, incluso, externos– se estiman objetivos casi imposibles de conseguir. Por ello, parece inviable –al menos en plazo corto o medio– la creación de un Estado palestino.

No cabe duda de que los palestinos que no forman parte de grupos privilegiados con intereses de poder –ya sea político o religioso– y que, como se ha visto, pueden dividirse entre los residentes en las zonas de Gaza y Cisjordania y los que viven en el éxodo, son millones de seres humanos, con la dignidad que ello conlleva. Un pueblo sí puede existir, pero sin unas determinadas condiciones esenciales e imprescindibles no pueden aspirar a considerarse como un estado realmente viable. El reconocimiento de su existencia, hecho por una gran mayoría de países, más supone un apoyo simbólico que real (más moral que legitimador). La declaración como estado miembro de la ONU fue vetada por Estados Unidos e Israel; y en 2012 se le concedió el estatus de 'estado observador no miembro'; rara forma de reconocer a un estado.

Ser un pueblo disperso, diseminado en diversos países, sin unas estructuras estatales que acojan a todos, supone un factor incuestionable para considerar a sus gentes obviamente como víctimas de escenarios históricos injustos (pero en unas condiciones no peores que otros pueblos: tibetanos, kurdos o saharauis). Su situación, incluso dramática en ocasiones, requiere una solución. Pero ello no obsta para estudiarla con la objetividad o racionalidad que requiere la complejísima situación del territorio palestino. Adherirse vehementemente a una causa, alimentada por sentimentalismo mediático (o emotivismo de telediario), cuando no por demagogia ideológica, supone una traba a un estudio ponderado y razonable para hallar soluciones sensatas y viables.

A todo lo anteriormente observado, cabe añadir una cuestión podría decirse que histórico antropológica (esencialista en realidad). El pueblo judío se tiene por víctima –ya desde los tiempos de su antiguo éxodo del 135 d. C.–, pero sobre todo a raíz del Holocausto perpetrado por el régimen nazi durante la Segunda Guerra Mundial (la *Shoá*, la 'Catástrofe'). A su vez, los palestinos, tras el reparto cuando menos arbitrario de las tierras de Palestina por la ONU, fueron víctimas de la ambición y expansionismo sionista, y de la arrogancia e incompetencia de los estados árabes, cuando no del engaño. Parece difícil conciliar ambas auto percepciones. Quién ha sido más perjudicado a lo largo de la historia parece muy complejo de dilucidar; aunque se puede afirmar que los unos lo tienen todo (un Estado), y los otros no. Existen intereses contrapuestos e ¿irreconciliables?, pues se trata de un elemental asunto de subsistencia; dado que cada parte esgrime unos, a su entender, legítimos derechos.

Y esta pugna se enmarca en un contexto mundial previsible: el apoyo internacional manifestado por la mayoría de los países musulmanes –como los de la Liga árabe– a la causa palestina, aunque habría que dilucidar si es meramente declarativa o efectiva. Porque hay países árabes que mantienen fuertes intereses con Estados Unidos (que es el gran valedor del Estado israelí, sin cuyo apoyo no sobreviviría); y a otros como Egipto o Jordania el caso palestino les puede ocasionar –debido a una abultada cifra de refugiados– problemas en su propia estabilidad nacional interna.

Además, en los países occidentales, las actividades de las organizaciones musulmanas, con el inestimable apoyo de todos los partidos y grupos de izquierda –que, cuanto más a la izquierda, más virulento es– cristalizan en manifestaciones multitudinarias de respaldo e, incluso, en algaradas encolerizadas y agresivas. Paralelamente, se está produciendo una persecución, incluso con ataques violentos, contra los judíos en Occidente, que provoca que se denuncie un renacido antisemitismo, y que bastantes judíos tengan que huir de esas naciones. No parece que esta crispación y conflictividad, en el ámbito occidental, puedan contribuir mucho a consolidar un proceso de paz en Palestina, y a la solución postulada hace tiempo de los 'Dos Estados'.

Bibliografía

Sagrada Biblia, Ed. Nacar-Colunga, B.A.C., Editorial Católica, 1966.

Siegfried Herrmann, *Historia de Israel*, Sígueme, 1985.

Flavio Josefo, *La guerra de los judíos*, Gredos 1997. Libro I.

Flavio Josefo, *La guerra de los judíos*, Gredos, 1999. Libros IV a VII.

H.H. Ben-Sasson, *Historia del pueblo judío Vol 1*, Alianza, 1991.

H. H. Ben-Sasson, *Historia del Pueblo Judío, Vol. 2*, Alianza, 1988.

Gudrun Krämer, *Historia de Palestina: Desde la conquista otomana hasta la fundación del Estado de Israel*, Siglo XXI, 2006.

Ian Black, *Vecinos y enemigos: Los cien años de conflicto entre israelíes y palestinos*, Ediciones Península, 2024.

Ilan Pappé, *Historia de la Palestina moderna*, Ediciones Akal, 2024.

https://es.wikipedia.org/wiki/Expulsion_de_los_judios

https://embassies.gov.il/santiago/NewsAndEvents/Pages/Refugiados-judios0915-3755.aspx

https://unispal.un.org/pdfs/97-24262s.pdf

https://www.bcn.cl/procesoconstituyente/comparadorde constituciones/constitucion/pse

https://www2.memri.org/espanol/ sobre-la-constitucin-palestina/416

https://www.iemed.org/publication/hamas-y-al-fatah-una-batalla-interna-o-una-guerra-por delegacion /?lang =es

https://tribuna.org.mx/el-conflicto-intrapalestino-hamas-vs-al-fatah/

https://www.libertaddigital.com/opinion/exteriores/de-como-al-fatah-abrazo-la-religion-y-perdio-el-poder-1276232303.html

https://www.bbc.com/mundo/articles/cz7x6557103o

https://www.elsaltodiario.com/palestina/islamismo-radical-se-comio-izquierda-laica-palestina

La libanización de Europa

En 1918, tras la victoria de la Entente frente a la Alianza en la Primera Guerra Mundial, el Imperio otomano se descompone. En 1916, en plena Guerra, en secreto, se firma el tratado Sykes-Picot mediante el cual, al finalizar la contienda, Gran Bretaña y Francia se repartirían las áreas de influencia del Próximo Oriente. Ya incluso durante la época del Imperio otomano se produjeron injerencias en éste de aquellas potencias.

Geográficamente, el territorio que posteriormente conformaría el Líbano estaba constituido por tres zonas: el Monte Líbano, el Valle de la Bekaa y la Zona Litoral. A su vez, la población que habitaba esas regiones era muy heterogénea: cristianos (maronitas –católicos–, melkitas, caldeos, ortodoxos orientales); musulmanes (sunitas, chiitas –ismailitas/duodecimanos–); drusos (practicantes de un Islam ecléctico y heterodoxo). Habrá que sumar otras comunidades de armenios, kurdos, griegos, instalados en el trascurrir de los tiempos.

Hay que recordar que esas tierras ya fueron habitadas desde la Antigüedad por uno de los pueblos que tuvo un gran protagonismo en el Mediterráneo: primero, en la zona oriental; y luego, en la occidental. Se trata de los fenicios, pueblo semita que, además de grandes comerciantes y marineros –crearon la primera talasocracia conocida–, colonizaron distintas tierras, desde sus metrópolis de las costas occidentales del Próximo

Oriente, y se expandieron por las africanas Cartago o Tingis, hasta las ibéricas Gadir, Abdera o Malaka.

No se puede considerar que fundasen un estado unitario, ni siquiera un imperio oriental (como el asirio) con otros pueblos sometidos, sino ciudades estado –Tiro, Sidón, Biblos, Ugarit–, y sus correspondientes colonias o factorías. Si bien todos ellos pertenecientes a un ámbito cultural fenicio-púnico. Precisamente, su incesante y fundamental actividad comercial contribuyó por necesidad a la creación del primer alfabeto. Esto facilitó y permitió la difusión de los conocimientos y la cultura, y que otros pueblos como los griegos lo adoptasen. Fue un gran logro que proporcionó una herramienta comunicativa superadora de la complejidad de escrituras como la jeroglífica egipcia o la cuneiforme sumeria.

A lo largo de los siglos, estas tierras estuvieron bajo el dominio de los califatos de Damasco y Bagdad tras las conquistas árabes y la expansión del Islam. Mas luego formarían durante más de cuatro siglos parte del Imperio otomano. Crisol de pueblos varios y culturas distintas –en función de sus adscripción religiosa–, a pesar de la generalizada convivencia de los diferentes grupos, sí que se habían producido enfrentamientos armados en ocasiones entre algunas comunidades, como la acaecida en 1860 entre los maronitas y los drusos en el Monte Líbano. Precisamente, de esos conflictos intercomunitarios, denominados *Haraka* (levantamiento), deriva el actual concepto de 'libanización'.

Ya, bastante antes de 1918, el canciller austriaco Metternich, había propuesto, con el apoyo británico, la cantonalización del Líbano (de ahí puede que derive la posterior denominación de la 'Suiza de Oriente'). Paulatinamente, se fue desarrollando en las zonas urbanas,

34

sobre todo del Litoral, una reivindicación de lo árabe –más cultural y lingüístico que político– frente a lo turco-otomano. Bien es cierto que los árabes estaban presentes en el Parlamento otomano con 65 diputados, y que sus delegados eran recibidos en el Diwan de Constantinopla (pues ése fue el nombre de la capital durante todo el Imperio).

Al descomponerse el Imperio otomano, aparece el Estado turco (laico, y bajo la égida de Ataturk), y los diferentes vilayatos (distintos distritos árabes bajo administración otomana) pretenden la creación de un Estado árabe, que incluiría Siria, Palestina, Líbano, Jordania; incluso un Iraq autónomo.

En septiembre de 1918 Beirut, Damasco y el Monte Líbano pasaron a formar parte de un gobierno árabe, y Faiçal proclama en Damasco el Estado árabe. Si bien, "el origen de los estados que conocemos en la actualidad, es un acto administrativo militar"[19] que se origina en los acontecimientos ocurridos a partir de 1920. La duración de ese autoproclamado Estado árabe no duraría más allá de dos años, y sin una concreción existente en la realidad puesto que, en un complejo entramado político, diplomático y militar, Francia y Gran Bretaña se van a repartir las zonas de influencia: sus tutelas; para la primera Líbano y Siria; para la segunda Palestina y Mesopotamia.

Francia funda en agosto de 1920 el estado del Gran Líbano, uniendo al Monte Líbano las Tierras del Litoral (bajo tutela de un Alto comisionado y un Gobernador franceses); comienza así el 'Mandato'; y ello al margen de los mencionados acuerdos de Sykes-Picot. La Sociedad de Naciones aprueba el 24 de julio de 1922 el man-

---

[19] Ana María García Campello, *El Líbano. La incrustación de un Estado-nación*. Erasmus Ediciones, 2007. pág. 88.

dato francés sobre Siria y Líbano, y el británico sobre Palestina. El Gran Líbano pasa a ser la República del Líbano en 1926 (se denomina Pequeño Líbano a lo que siempre había sido el Monte Líbano). La población del Líbano según censo de 1932 es mayoritariamente maronita, luego sunita y chiita[20].

Ya dos comunidades, la maronita y la sunita, firman un Pacto Nacional que "expresó el consenso mediante el que las nuevas élites del Gran Líbano consagraban solemnemente su existencia y definían sus orientaciones básicas"[21], antes de acceder a la soberanía en 1942, que sería refrendada como plena el 22 de noviembre de 1943; aunque la potencia mandataria, Francia, no abandonó el territorio hasta el 24 de enero de 1946, dentro de ese proceso que se ha denominado la descolonización de las potencias occidentales tras el fin de la Segunda Guerra Mundial.

"La república del Líbano es un estado híbrido, un Estado-nación/Estado-plurinacional. Como Estado nación se articula en torno a la comunidad maronita… Como Estado plurinacional conserva su estructura otomana y su sistema político es el confesionalismo"[22]. Éste consiste en el reparto de poder político entre todas las comunidades religiosas que ahí habitan. El Presidente será maronita; el Primer ministro, sunita; y el Presidente del Parlamento, chiita.

No había hecho nada más que echar a andar el nuevo estado libanés, cuando ya comenzaron a sucederse las

---

[20] https://www.cepc.gob.es/sites/default/files/2021-12/16134-repne037244.pdf (estudio de Bernabé López García y Cecilia Fernández Suzor, en la Revista de Estudios Políticos, nº 37, 1984).

[21] Georges Corm, *El Líbano contemporáneo*, Ediciones Bellaterra, 2006, pág 112.

[22] Ana María García Campello, Ibid. Pág 145.

crisis: en 1952 tuvo que dimitir el presidente. A pesar de compaginar su andadura presidencial con una prosperidad económica, Camille Chamoun (nuevo presidente), chocó con la hostilidad de los notables políticos de las diferentes comunidades. Además, comenzaron a hacerse notables las diferencias entre los cristianos prooccidentales y los musulmanes partidarios de Naser, el presidente egipcio que propició la creación de la RAU. Puede decirse que el Pacto Nacional murió en 1958.

Tras una crisis cruenta (una 'mini' guerra con 500 muertos), accede al poder el general Fuad Shehab, que inicia una política de reconstrucción y reforma para acabar con los desequilibrios regionales y acometer mejoras sociales. Esto cuajó en un éxito en el plano económico; pero no así en el ámbito político. En 1967, a la comunidad chií le fue adjudicada por ley competencias más amplias que al resto de comunidades (se regían por la *fatwa* emanada de la autoridad suprema).

Un hecho crucial fue el de los acuerdos de El Cairo de 1969 por los que se legalizaba la presencia armada palestina en Líbano (se había establecido la OLP tras la derrota de los árabes en sus enfrentamientos con Israel, y tras su expulsión de Jordania). En abril de 1975 se produjeron graves incidentes entre milicianos palestinos y falangistas (La Falange libanesa había sido creada por Pierre Gemayel en 1936). Esto propició la apertura de hostilidades generalizadas entre la coalición de los partidos libaneses 'progresistas', aliados de los palestinos, y la coalición de partidos cristianos, 'conservadores', que habían creado milicias armadas para hacer frente al aumento del poder de los palestinos en el Líbano.

Entre 1975 y 1990 tiene lugar la guerra civil, puede decirse que con enfrentamientos de todos contra todos, y que se desarrolló en diversas etapas. Entre 1975 y 1982 las potencias occidentales delegaron la gestión de la crisis en Siria. Mas las acciones del ejército sirio y las respuestas de los falangistas hicieron que Israel interviniese en 1982, cuya FDI llegó hasta el mismo Beirut. La elección de un presidente falangista, Bashir Gemayel, acabó con su asesinato; éste y la matanza de cristianos en Damour propiciaron las subsiguientes masacres de palestinos de Sabra y Shatila perpetradas por los falangistas.

La dirección de la OLP es obligada a salir del Líbano en 1982 e instalarse en Túnez. Desde 1985 la milicia Amal (chií pero laica, y bajo protección siria) intentó eliminar de sus zonas de influencia cualquier presencia palestina. Las diversas milicias 'musulmanas' se destrozaban entre sí por el control de barrios de Beirut (los chiís Amal o Hezbollah; los suníes Murabitun). En este contexto, Hezbollah (Partido de Dios, auspiciado y financiado por Irán), cobró un enorme auge, sobre todo en los suburbios meridionales de Beirut, el oeste de la Bekaa y el sur del país. La comunidad drusa no conoció conflictos internos, pero al precio de la dictadura total de la familia de Walid Yumblatt.

En 1989 el general Michel Aoun, comandante en jefe del ejército libanés, ya en conflicto con la milicia cristiana, inició una guerra de liberación contra el ocupante sirio. A ello respondió el ejército sirio con bombardeos salvajes sobre los barrios del este de Beirut. El acuerdo de Taif (Arabia Saudí), aisló al general Aoun, y concretó un 'repliegue' de las tropas sirias al oeste del Monte Líbano; al tiempo se propició la formación de un nuevo gobierno. Pero continuaron los enfrentamientos entre los leales del ejército libanés a Aoun y las Fuerzas Libanesas (milicia apoyada por Israel, que había surgido de la Falange pero roto con ese partido en 1985). En 1990 se produce la invasión de Kuwait por Iraq, y la posterior Primera Guerra del Golfo de 1991. El nuevo presidente de la República ordenó una operación militar a la parte del ejército que no se había unido al general Aoun para expulsarle; asediado, tuvo que refugiarse en la embajada francesa y exiliarse.

La Segunda República se instauró en el Líbano tras la reforma constitucional de fines de 1989. Pero en 1992 toma el poder Rafic Hariri como primer ministro con el apoyo presidencial. Se vio en él a un salvador, un benefactor con ideas liberales (era un suní moderado). Obtuvo la aquiescencia de las fuerzas sociales surgidas de la guerra (con sus milicias correspondientes: Amal, el druso PSP, el PSNP[23]...) que accedieron a integrarse en los gobiernos de unión nacional; salvo las Fuerzas Libanesas, luego disueltas en 1994. La reforma constitucional favoreció a los prosirios y perjudicó a los cristianos. Pero la Segunda República fue la de los escándalos financieros y la corrupción abierta, con magnos proyectos urbanísticos especulativos (sólo Hezbollah denunció estas prácticas inmobiliarias). Debido a esta dinámica económica, en 2000 la deuda ascendió a los 32.000 millones de dólares.

Tras la guerra, en 1990 se restableció en gran medida la seguridad en el país; se desarmaron las milicias (a excepción de las de Hezbollah), pasando parte de sus miembros a integrar el ejército regular. El proceso se culminó cuando en 2000 Israel abandonó los territorios ocupados del sur del Líbano. Eso supuso la hegemonía de Hezbollah en esa zona, pues el presidente rechazó mandar a la región efectivos del ejército libanés para

---

[23] Partido Socialista Progresista, dominado por Walid Yumblatt; Partido Popular Nacional Sirio.

controlarla (Émile Laoud, prosirio, simpatizaba con el grupo; mientras Rafic Hariri, primer ministro, prosaudí y prooccidental, les era hostil[24]).

En septiembre de 2004, mediante la resolución 1559 del Consejo de Seguridad de la ONU, se dictaminó la no ampliación del mandato del presidente libanés, la retirada de las tropas sirias del Líbano (varios miles de soldados aún permanecían en suelo libanés), el desarme de Hezbollah, el despliegue del ejército libanés a lo largo de la frontera con Israel y el desarme de los campos palestinos. En febrero de 2005, Rafic Hariri es asesinado en un atentado. A raíz de este hecho se convocaron manifestaciones multitudinarias –de cientos de miles de participantes–; de un lado, en la plaza de los Mártires, los antisirios (partidarios de Hariri, Fuerzas Libanesas, seguidores del general Aoun, drusos, comunidad suní); del otro, los prosirios, chiís, con Hezbillah a la cabeza. Por presiones internacionales, Siria retiró sus tropas del Líbano en abril de 2005.

Pero a partir de entonces, la desestabilización se adueño del país, siendo asesinados diversos personajes públicos. Los enfrentamientos en el sur entre las milicias de Hezbollah e Israel llevaron a la crisis de 2006. Nuevos atentados se suceden en 2015, en este caso en un bastión chita de Beirut perpetrados por el Estado Islámico[25]. En agosto de 2020 se produce una fuerte

---

[24] Se dice que la guerra del sur del Líbano tuvo como vencedor a Hezbollah tras la retirada de Israel. Ver Diego Urbán Pardo, *El triunfo de Hizbolá: La guerra del sur del Líbano (1967-2000)*. Galland Books, 2021.

[25] Esto sucede en el contexto de la guerra civil en Siria, entre 2011 y 2022, donde al gobierno de Bashar al-Asad le combatieron la oposición (agrupada en el Consejo Nacional Sirio), las fuerzas kurdas, el frente Al Nusra y el Estado Islámico. A Siria le apoyaron

explosión en el puerto de Beirut que dejó numerosas víctimas. Desde octubre de 2023 se venían produciendo ataques mutuos entre Hezbollah, e Israel, agravados tras los atentados de Hamas del 7 de octubre de 2023 que dieron pie a un incremento de la intervención de las milicias chiís[26]. Se ha considerado a Hezbollah como un Estado dentro del Estado, siendo sus milicias más poderosas que el propio ejército libanés (se habla de 100.000 combatientes). Aunque para diversos países occidentales se trata de una organización terrorista.

El 9 de enero de 2025 el Parlamento libanés nombra como presidente de la República al comandante en jefe del Ejército libanés, Joseph Aoun, tras dos años de vacío de poder, que ha provocado un grave bloqueo político paralizando al Líbano De acuerdo con la Constitución libanesa, el presidente debe ser un cristiano maronita. Su tarea es ingente, pues tiene que solucionar graves problemas económicos y financieros, así como conseguir que el Estado tenga el monopolio de las armas, que sea el ejército el garante de la seguridad nacional, pues las milicias de Hezbollah acaparaban esta activi-

---

Irán, Rusia o Hezbollah. A finales de 2022 se da por derrotado al Estado Islámico.

Sin embargo, a finales de noviembre y principios de diciembre de 2024 hay una nueva ofensiva de la coalición rebelde liderada por los islamistas de Hayat Tahrir al-Sham, –grupo dominante en la provincia siria de Idlib, dirigido por Abu Mohammed al-Golani– quienes, con el apoyo de otros grupos, han tomado Alepo, Hama, Homs y al final Damasco, provocando el derrocamiento del régimen de Bashar al-Asad. Ver una crónica de los acontecimientos en: https://www.periodistadigital.com/mundo/oriente-medio/

[26] A pesar de las fuerzas de interposición para el mantenimiento de la paz en las zonas fronterizas del sur del Líbano, FINUL, las hostilidades entre Hezbollah e Israel no han cesado, viéndose incrementadas, como se ha indicado, a partir de octubre de 2024.

dad. Esto podría lograrlo por la debilidad de Hezbollah tras más de un año de enfrentamientos con Israel.

Según Georges Corn, el Estado libanés es un Estado condicionado: "La segmentación comunitaria se hace aún más importante, dado que el estado es claudicante y permanece prisionero de las comunidades y de los diversos y complejos lazos que unen a las comunidades con el mundo exterior"[27].Y concluye que "el círculo viciosos en el que se debate el Líbano desde su emergencia en el orden internacionales es el de un régimen comunitario que facilita la transformación del país en un estado tampón, [cuya existencia] no es percibida más que en función de los intereses de las potencias extranjeras, occidentales u orientales"[28].

Se puede considerar que la violencia desatada en el Líbano tuvo un carácter confesional dentro de la estructura comunitaria del país (a pesar de otros factores, como las injerencias internacionales, los intereses económicos de las familias más poderosas y de las organizaciones sectarias, o las ambiciones personales), destruyéndose el tejido intercomunitario que había propiciado la convivencia durante buena parte de la historia de esos territorios, salvo puntuales enfrentamientos (matanzas de 1844 a 1860 en Monte Líbano, o las del monte Chuf; por lo general, de drusos contra cristianos).

Desde una perspectiva demográfica, en el Líbano: "la población cristiana pasó del 78% del total en 1910 a solo el 34% un siglo después, debido en parte a las bajas tasas de natalidad, pero sobre todo a la emigración, alimentada por un entorno político hostil. En el mismo periodo, la proporción de población cristiana en el conjun-

---

[27] Georges Corn, Ibid, pág 41.
[28] Ibid. Pág 362.

to de Oriente Próximo descendió del 14% a solo el 4%"[29]. Por tanto, del mismo modo que el crecimiento de la población musulmana en el mundo occidental ha mantenido un crecimiento exponencial en sólo unas décadas, el decrecimiento de la población cristiana en zonas de mayoría musulmana ha sido alarmante en el mismo periodo, a causa de presiones, persecuciones, incluso agresiones y violencia.

En muchas ciudades de Europa hay distritos que se han convertido en lo que se ha venido a denominar *'no go zone'*, barrios enteros, o zonas, con un abrumador dominio poblacional musulmán. Destacó por su notoriedad lo ocurrido en 2022 en la final de la Copa de Europa disputada en el distrito parisino de Saint Denis. Según testigos presenciales, la invasión protagonizada por los locales del barrio no fue en ningún momento controlada por las unidades de intervención policial francesas.

Aunque las autoridades no quieren, o no pueden, enfrentar el asunto con la rotundidad requerida, sigue vivo el debate sobre esas *'no go zones'*, barrios de mayoría musulmana y a los que supuestamente no se puede acceder porque la seguridad brilla por su ausencia. Existen lugares como Molenbeek, en Bruselas (una zona que sirvió de escondite a los terroristas de los atentados de París), el propio Seine-Saint Denis, el barrio de El Príncipe, en Ceuta. Lo mismo ocurre en distritos de Londres o Birmingham, Marsella, Manchester; y proliferan los guetos en países como Dinamarca, Suecia, Alemania...

---

[29] https://www.politicaexterior.com/anatomia-de-una-masacre/ (artículo de Shlomo Ben-Ami, ex ministro israelí, 2024).

Según recoge un artículo publicado en Vozpopuli: "En 2011, un informe encargado por el Institut Montaigne de Francia y dirigido por el reputado politólogo francés Gilles Kepel –con la colaboración de Leyla Arslan y Sarah Zouheir– concluyó que Seine-Saint Denis y otros tantos suburbios de París se estaban convirtiendo en "sociedades islámicas separadas". Según el estudioso, estos barrios estarían manteniéndose separados del estado francés y priorizando las reglas de la Sharia sobre las de la ley francesa"[30].

Gilles Kepel alertaba sobre la peligrosidad de esta amenaza que reta al país, no sólo debida a los terroristas extranjeros sino también a los provocadores islamistas en sus guetos extraurbanos, *banlieues*. Cree que muchos extremistas radicales están tratando de destruir el tejido social francés, e incluso de fomentar una guerra civil.

Sin embargo, diversas voces académicas, de obvio y marcado cariz progresista, rechazan estas interpretaciones como estigmatizadoras, argumentando que los problemas son de integración, de pobreza y falta de perspectivas vitales, y que es más un asunto socioeconómico que cultural y religioso. Estos planteamientos buenistas, que intentan desprejuiciar opiniones y ahuyentar fantasmas de confrontación civil, son refutadas por la realidad. Tal y como se constata con objetividad y total rotundidad: "toda la buena voluntad de políticos y asociaciones de todo tipo –chiringuitos subvencionados incluidos– choca contra una realidad que no por intentar ocultar deja de existir. Que la inmensa mayoría de las bandas de delincuentes que asolan hoy las ciudades francesas están formadas por descendientes de inmi-

---

[30] https://www.vozpopuli.com/espana/saint-denis-francia-zones.-html

grantes magrebíes y africanos en general es una realidad estadística y visual"[31].

Aunque resulte difícil catalogar o incluso definir las *'no go zones'*, lo cierto es que en encuestas realizadas en países como el Reino Unido, ciudadanos locales reconocen la existencia de esos lugares. Hace creíble esta percepción el hecho de que, en bastantes barrios europeos, se realizan las cinco llamadas diarias a la oración desde los minaretes de las mezquitas, siendo un rasgo muy extendido en estas calles la ausencia de ley y orden entendidos al modo occidental. "Dicho de un modo resumido –y quizá simplista– una *'no go zone'* es una *'non-European zone'* en mitad de Europa. Como también indicaba la encuesta británica publicada en 2018, han surgido dos naciones dentro del Reino Unido, cada vez más incomunicadas y opuestas"[32].

Tanto si es una asunto de falta de identificación con la sociedad de acogida o de ser partícipe en la misma –a los que ya han nacido en ella–, ya sea por sufrir algún tipo de rechazo o por falta de interés en integrarse, el problema quizá tenga su raíz en que la identidad fuerte es la musulmana y la débil la occidental. De ahí que ese segmento de la población reivindique su pertenencia a una cultura alógena a la de la sociedad europea, aunque marcada, frente a otra de débiles perfiles (una potente identidad frente al relativismo cultural).

Sobre la llegada, asentamiento e, incluso, infiltración en las sociedades europeas se han escrito diversos textos. Esa invasión es 'pacífica' –ya no hay que acudir a la guerra de conquista como en la invasión de la Penín-

---

[31] Ibid.

[32] https://revistacentinela.es/no-go-zones-enclaves-extranjeros-en-el-corazon-de-europa/

sula Ibérica en el siglo VIII, por ejemplo–, y "será el vientre de nuestras mujeres el que nos dé la victoria" como proclamó en su día el presidente de Argelia Huari Bumedian en la Asamblea General de las Naciones Unidas en 1974.

> "Para imponer el imperio de la ley islámica existen dos modos: uno violento, la yihad de los yihadistas, y uno pacífico, que son las migraciones masivas y la pérdida de la unidad cristiana de Europa. Algunos piensan que éste último es el modo más eficaz y menos traumático de imponer la ley islámica y pasa por irse infiltrando en las instituciones de todos los países hasta que se sea capaz de imponerse y dominar a sus habitantes de otras religiones o sin religión alguna"[33].

Un fruto de esta penetración e infiltración es el subsiguiente salafismo, vertiente radical del Islam; siendo esta corriente en la que se instruye a sus adeptos en una interpretación estricta de la Sharia, así como en su captación como futuros yihadistas.

Pero volviendo a los textos publicados, ya en 1973 Jean Raspail alertaba en su ficción *El campamento de los santos*[34], de lo que podía suponer una llegada masiva de inmigrantes en el corazón de Francia (según el relato, llegaba un millón de golpe mediante una invasión naval de cientos de embarcaciones). En el desarrollo narrativo, a fin de cuentas distópico, la llegada resulta-

---

[33]https://infovaticana.com/2016/10/27/sera-vientre-nuestras-mujeres-nos-la-victoria/
[34] Jean Raspail, *El desembarco* [título en su versión española], Altera, 2007.

ba una verdadera invasión que acaba con el estatus original, y el asedio sufrido y la posterior huida de un ciudadano natural hacia un país ¿más seguro?

En su novela *Sumisión*[35]–por tanto, también libro de ficción– Michel Houellebecq relata la llegada al poder –la presidencia de Francia– de un islamista (si bien que moderado). Lo que puede considerarse como una fantasía narrativa, con bastantes dosis de sátira, no puede dejar de ser una hipótesis plausible a la vista de lo que ha podido ir ocurriendo: la Sorbona es una universidad islámica, los judíos han tenido que emigrar, las indumentarias femeninas se han modificado, los comercios han cambiado sus actividades... Y el personaje protagonista autóctono sólo es el cabal representante de la abulia y la impotencia, el escepticismo y relativismo de una sociedad derrotada, cuestiones que le abocan fatalmente a una consentida "sumisión".

Desde una perspectiva más ensayística, Renaud Camus ha analizado esa sustitución tanto poblacional como cultural en su libro *Le Grand Remplacement*.[36] En él, el escritor expone como en Europa –aunque lo focalice en Francia– se está produciendo un cambio de pueblos debido a la Gran Desculturación. El concepto de 'reemplazo global' es el nombre que el autor propone para la fuerza histórica en la que cree reconocer la esencia misma de la contemporaneidad posmoderna: las poblaciones nativas de los países occidentales están siendo reemplazadas. Lo denuncia como el principal totalitarismo vigente hoy en Occidente y en el mundo, nacido de la alianza antinatural pero lógica entre el antirracismo moral y las oligarquías financieras globalis-

---

[35] Michel Houellebecq, *Sumisión,* Anagrama, 2015.
[36] Renaud Camus, *Le Grand Remplacement*, 2019. [No hay traducción en español]

tas. El productor se convierte en producto y viceversa; y las industrias del entretenimiento alienante producen la 'Materia Humana Indiferenciada'.

El propio autor rechaza que plantee la idea de una conspiración "porque sería una manera totalmente ridícula de describir la enormidad de los mecanismos industriales, financieros, cibernéticos, ontológicos e incluso metafísicos que han llevado a este desastre, el *hombre reemplazable*, intercambiable a voluntad"[37]. Y concluye señalando que la descalificación y la 'cancelación' sobre él y su obra es debida a que "el Gran Reemplazo es con mucho el fenómeno más importante de las sociedades occidentales contemporáneas, y también el más obvio, es precisamente eso lo que uno no debe nombrar bajo ninguna circunstancia. Aquellos que se aventuran a hacerlo deben ser silenciados por todos los medios necesarios"[38].

Como no podía ser de otra forma, si se busca en internet entradas sobre este autor y libro, en las mismas aparecen las definiciones ya previsibles: teoría conspirativa, islamofobia, discurso de odio, extrema derecha... No debe olvidarse que la infiltración del toda la ideología progre o woke impregna la inmensa mayoría tanto de los medios académicos como de los de comunicación. La supremacía cultural de la izquierda (tan postulada en su día por Gramsci), es fruto tanto de la labor propagandística y dinamismo socio-cultural (producción de textos, filmes, arte) como de la dejación y apatía de los sectores conservadores en estos ámbitos

---

[37] En una entrevista mucho más honesta y nada sectaria se ofrecen las verdaderas y no manipuladas opiniones del escritor: https://europeanconservative.com/articles/interviews/interview-with-renaud-camus/
[38] Ibid.

(salvo arriesgadas y valientes excepciones). Lo que no significa que aquella fecundidad propositiva sea reflejo de la verdadera realidad; igual que posiblemente sí lo es lo que piensa y escribe Renaud Camus.

Se dice que el término 'libanización' fue utilizado por el presidente israelí Shimon Peres haciendo referencia a un Estado como el del Líbano que había degenerado fruto de una larga contienda civil convirtiéndose así en un Estado fallido. A la existencia de un gobierno central muy débil se unía la preeminencia de las milicias de los distintos partidos políticos que tenían el control efectivo de diversas regiones del país, atribuyéndose la representación de la población bajo dominio (ya fueran cristianos, musulmanes o drusos). Esta 'libanización' sirvió como justificante para la invasión por parte de Israel de ese Estado degradado en 1982.

Se ha querido establecer una cierta comparativa con la 'balcanización'. Ciertamente 'libanización' y balcanización no son sinónimos. La primera ocurre dentro de las fronteras de un territorio secular comunitario, mientras la segunda se produjo en un Estado artificial, Yugoslavia, fruto de la agregación ya fuera voluntaria o forzosa de diversos territorios heterogéneos como fruto del desenlace de la Primera Guerra Mundial. Mas sus diversas regiones habían pertenecido o bien al Imperio otomano (Serbia y Montenegro se habían independizado en el siglo XIX), o al Austrohúngaro (o habían sido dominadas por los búlgaros). Sus etnias y religiones eran plurales y, aunque en un espacio paneslavo, las divergencias eran significativas.

En el territorio libanés cierto que habían convivido religiones diversas, mas la inmensa mayoría de la población era árabe –con pequeñas minorías griegas, kurdas o armenias–, ya fueran cristianos o musulmanes (con la peculiar comunidad sincrética drusa). Es incorrecto identificar árabe con musulmán, puesto que precisamente el cristianismo se había expandido en los primeros siglos después de Cristo por las zonas del Próximo Oriente así como por Anatolia o Grecia. (Cabe recordar las Cartas de San Pablo a los gálatas, los corintios, los efesios, aparte de a los romanos). Si con el advenimiento del Islam en el Próximo Oriente la religión dominante fue la musulmana, y los grupos cristianos fueron los preteridos, al menos durante el Imperio otomano, en la zona del Líbano habían coexistido en un ambiente de cierta tolerancia. No fue, ni es, tal en otras regiones (Siria, Iraq, Egipto…), donde la persecución a los cristianos por parte de la preeminencia musulmana ha sido constante a lo largo del tiempo[39].

Si el Líbano puede considerarse un Estado fallido –otros lo han definido como un 'Estado incrustado', o 'Estado tapón'–, cabría analizar si cumple algunas o todas las condiciones para ello: corrupción política; inseguridad ciudadana; grupos terroristas no controlados por las fuerzas de seguridad; crisis económicas, inflación y desempleo; asentamientos irregulares; altos niveles de pobreza; escasez de servicios básicos; incapacidad ante las emergencias; etc. Si no todos, sí algunos de estos parámetros, en mayor o menor grado, han sido sufridos por la sociedad libanesa desde su nacimiento como Estado independiente.

---

[39] Para conocer el acoso sufrido y el éxodo de la población cristiana, de las diversas orientaciones, de esas regiones es imprescindible el estudio de Raad Salam Naaman, *Los primeros cristianos. Los cristianos orientales: Entre el hecho histórico y un verdadero genocidio*, Monte Riego, 2019.

Pero, ¿y esto que tiene que ver con Europa? ¿Acaso se puede decir que en determinados países europeos se pueden producir procesos similares? ¿Son análogos todos los Estados europeos? ¿No constituye un alarmismo infundado el adjudicar a algunos países una deriva que aboque a su descomposición en cuanto Estado de derecho? ¿Qué signos pueden detectarse de tal índole para, una vez diagnosticada la supuesta deriva, tratar de impedirla?

Retomando lo de la 'invasión pacífica' –para los más alarmistas, una verdadera sustitución poblacional–, la penetración en Europa de población alógena con la tradición europea (musulmanes), no deja de ser un problema, acuciante en algunos casos. Ciertamente no es idéntica la situación de Francia o Hungría, por ejemplo. Mientras que en la segunda la cuestión es menos grave (ya sea por las políticas implementadas respecto a la inmigración o por la historia propia), en la primera la llegada de inmigrantes procedentes de países africanos de confesión musulmana viene ocurriendo de manera masiva al menos desde la época de la descolonización (tras la guerra de independencia de Argelia, culminada en 1962, y la independencia del protectorado de Marruecos ocurrida en 1956). Y estos inmigrantes son originarios tanto de los países norteafricanos (magrebíes) como del África subsahariana.

Habría que analizar particularmente cada país. En Alemania se produce el establecimiento masivo de turcos atraídos por un espectacular desarrollo económico y la esperanza de conseguir oportunidades laborales; y tras la guerra en Siria, de 'refugiados' provenientes de esa región (aunque también podían ser originarios de Iraq o Afganistán). En Inglaterra la procedencia mayoritaria de la inmigración suele ser de sus antiguas colonias: Paquistán, India, Bangladesh, o de países árabes. En los países nórdicos, Bélgica u Holanda, también llegan prioritariamente oriundos de países islámicos. En España, Italia o Grecia, magrebíes o subsaharianos.

Centrándonos en Francia, si en un inicio la inmigración, no fue tan problemática (primera generación), con el transcurso de las décadas la gravedad de la situación se ha ido incrementando. Ha resultado mucho más complicada la integración de las sucesivas generaciones: la tercera o, incluso, una cuarta. Aunque se han apuntado, sobre todos desde posturas de izquierda, al factor socioeconómico: falta de igualdad, de formación, de oportunidades laborales, de rechazo social y, en consecuencia, de marginalidad y acaso de caída en la delincuencia (aunque esta opción sea la minoritaria). Pero como ya se apuntó más arriba, la cuestión de las '*no go zones*' es esencialmente cultural, con todo lo que ello comporta. Desde perspectivas progresistas se ha tratado de impulsar e imponer una concepción multicultural de la sociedad, cuando hay concepciones de la existencia que no sólo son contrapuestas sino además radicalmente incompatibles.

Como ya ha apuntado alguna voz, se está produciendo una reislamización de capas no desdeñables de la población musulmana, sobre todo entre el segmento más joven (del que ya no se puede decir que sea extranjero, pues son nacidos en el país y, por tanto, tan franceses como cualquier autóctono borgoñés, normando o provenzal), y propiciada y alentada por las enseñanzas y la propaganda salafista de no pocas mezquitas integristas con sus mulas o imanes a la cabeza.

En aras de la libertad religiosa –para depende qué confesiones– y el laicismo militante de las autoridades europeas, la intervención de las fuerzas policiales

–dirigidas por las políticas– sólo se produce cuando se constata que puede haber un verdaderos peligro de terrorismo que, aunque sea claramente 'islamista', se trata de disimular con términos genéricos como 'células terroristas' o 'lobos solitarios', sin atender a su especificidad yihadista.

Con una tasa de inmigración de más del 13%[40] pero, como se ha indicado, con bastantes nativos de cultura y origen familiar islámico, es concebible que se formen guetos, barrios enteros (*banlieues*), esas '*no go zones*', donde impera la Sharia al margen de las normas de la nación. Lugares donde no puede entrar la policía para hacer cumplir las leyes republicanas. Es plausible que en esos hábitats no reine un caos, sino que haya líderes –ya sea políticos o religiosos– que tomen el mando y gobierno de esas comunidades. Es decir, autoridades al margen de las oficiales del Estado.

Y para hacer cumplir sus propias normas es lógico que organicen una 'policía' paralela. El mantenimiento puede ser sufragado por musulmanes adinerados (que no son pocos), o por la financiación de países interesados como Arabia Saudí o Irán que, de hecho, ya financian mezquitas, centros islámicos, asociaciones, fundaciones, escuelas coránicas, etc. Y para mantener el orden, esa 'policía' tendrá que estar armada, y no con palos simplemente. Habría entonces un cuerpo armado autónomo, ¿germen de una futura milicia?

Esto ocurre paralelamente a la 'infiltración' en las instituciones. Puede haber partidos musulmanes, o islamistas, que se presenten a las elecciones generales o locales. La elección de representantes para las comunas, departamentos o regiones es ya un hecho. Y en las

---

[40] Es el país europeo con mayor número de musulmanes superando los seis millones de personas.

elecciones para la Asamblea Nacional, curiosa y significativamente estos partidos islamistas van en coalición con la extrema izquierda, como en las últimas elecciones legislativas. Eso es sólo la cara visible de estas formaciones con la que se presentan como participes en la vida política de la comunidad nacional.

Francia cuenta con más de 250 asociaciones islámicas en su territorio. De hecho, una de estas organizaciones, los Hermanos Musulmanes (con 51 formaciones que trabajan en su apoyo), han ido incrementando su presencia e influjo en sectores de la sociedad: "Los Hermanos Musulmanes ha trabajado para crear un imperio financiero e intelectual desde 1978 con el objetivo de profundizar su presencia y fortalecer su influencia en la sociedad francesa"[41]. A pesar de que se ha alertado sobre el impacto negativo de esta ideología islamista por contraria a los principios de la República, no parece que las medidas tomadas por las autoridades republicanas sean lo suficientemente eficaces como para frenarla, o que actúen con pleno convencimiento, quizá por el temor a ser tildadas de islamófobas.

El caso es que, bien sea por la expansión de los valores musulmanes y su implantación (se ha dicho que en diez años el número de mujeres musulmanas que aceptan llevar el hijab se duplicó), lo que se considera un proceso de islamización cultural intencionado y coordinado, bien por la presencia en los foros políticos y las distintas administraciones, el auge del islamismo es una consecuencia de una dinámica nada espontánea.

Si se llegan a implementar esas fuerzas paralelas garantes de un orden que ya no es el común a todos los

---

[41]   https://www.atalayar.com/articulo/politica/francia-enfrenta-expansion-hermanos-musulmanes /202   40514071609199990-.html

franceses, se habrá producido un desgarro en el tejido social, en la esencia misma de la comunidad histórica, más allá de lo específicamente institucional, una fragmentación que abocaría a un sistema 'comunitarista' (como el que se indicó para el Líbano), compuesto por comunidades litigantes, enfrentadas entre sí.

Aunque sea difícil pensar que las autoridades, las estructuras de poder (tanto político como económico, financiero, empresarial, mediático, jurídico, etc.) todo el complejo entramado de un Estado de derecho permitan una desestructuración semejante, nada hace descartar la desconstrucción del mismo, máxime cuando hay poderosas fuerzas internas –y no sólo de las organizaciones islámicas, scan cxtrcmistas o no–, proclivcs a un cambio demográfico y poblacional, como postulan los globalistas partidarios de, entre otras estrategias ideológicas, ese inmigracionismo masivo. Que se diluya el Estado parece a corto o medio plazo inviable; pero, al abrigo de las dinámicas señaladas, no así en un plazo más extenso.

¿Y qué ocurriría con los otros sectores, por ahora mayoritarios de la sociedad? Cuando una comunidad, en tanto que organismo vivo, ve en riesgo su propia existencia, resulta lógico, y hasta necesario, que establezca sus propios anticuerpos, que origine la creación de una autodefensa, sean estos segmentos comunitarios religiosos o laicos. Ante una inacción estatal, a causa de su debilidad e inoperancia, o complicidad, que ponga en peligro su subsistencia frente los elementos emergentes rivales, resulta inevitable un rearme, tanto ideológico como material, sea éste a imitación de esas posibles fuerzas de choque adversarias (en Líbano, cada partido o grupo creó sus propias milicias o, incluso, pequeños ejércitos). Éste es el riesgo de un fraccionamiento de comunidades en conflicto: el 'comunitarismo' libanés, llámese 'libanización' o no. Y hay voces, todo lo alarmistas que se quiera, que vaticinan la posibilidad de una guerra civil.

La reflexión de las páginas anteriores se ha circunscrito al caso francés, porque quizá sea el país que más expuesto esté a ese proceso de 'libanización'. Para ciertos autores, es el territorio con más riesgo de cara a un posible desenlace en ese sentido. Y no sólo por los atentados frecuentes (con ser graves, no serían los más desestabilizadores), sino por el auge de las organizaciones islamistas, la confrontación –con rechazo a la integración en los modelos y valores occidentales–, la reivindicación de la Sharia como corpus de normas a seguir, el incremento de la reislamización de amplios sectores juveniles, o la creciente proliferación de esas *'no go zones'*.

Pero similares análisis, con todas las señas y especificidades correspondientes, se podrá aplicar a otros países europeos[42]. Al igual que en el caso francés, la situación en suelo británico –país no comunitario– puede resultar incluso más preocupante. Cabe recordar que el alcalde de Londres es un musulmán de origen paquistaní; así como son musulmanes los alcaldes de diversas ciudades británicas como Birmingham, Leeds, Sheffield, Oxford, Luton, Brighton[43], etc. Autoridades a las

---

[42] No es este el lugar para analizar lo que en relación con esta posibilidad pueda tener de protagonismo la propia UE, por sus políticas intervencionistas, imponiendo su legislación (debilitando así las soberanías nacionales), desprotegiendo con ellas a sus miembros –las propias naciones–, víctimas de unas agendas ideologizadas y globalistas.

[43] https://www.eldebate.com/internacional/20240518/ciudad-britanica-brighton-elige-primer-alcalde-musulman_198129.html

que hay que sumar cientos de concejales[44]. Al menos en Francia hay organizaciones patrióticas como Agrupación Nacional o La Reconquista que se resisten a un auge del islamismo que desnaturalice el país; situación que no parece que ocurra en Inglaterra, o la Gran Bretaña, nación para algunos abocada a su desintegración[45]. ¿Constituirá una alternativa Nigel Farage y su partido Reform UK, abiertamente contrarios a la inmigración masiva?

---

[44] https://gaceta.es/mundo/el-islam-obtiene-un-resultado-historico-en-las-elecciones-municipales-de-inglaterra-allahu-akbar-20-240505-1119/

[45] https://gaceta.es/opinion/inglaterra-ha-muerto-20250128-04-00/

Bibliografía

Ana María García Campello, *El Líbano. La incrustación de un Estado-nación.* Erasmus Ediciones, 2007.

Georges Corm, *El Líbano contemporáneo*, Ediciones Bellaterra, 2006.

Diego Urbán Pardo, *El triunfo de Hizbolá: La guerra del sur del Líbano (1967-2000).* Galland Books, 2021.

Jean Raspail, *El desembarco* [título en su versión española], Altera, 2007.

Michel Houellebecq, *Sumisión,* Anagrama, 2015.

Renaud Camus, *Le Grand Remplacement,* 2019.

Raad Salam Naaman, *Los primeros cristianos. Los cristianos orientales: Entre el hecho histórico y un verdadero genocidio*, Monte Riego, 2019.

https://www.cepc.gob.es/sites/default/files/2021-12/16-134repne037244.pdf

https://www.periodista-digital.com/mundo/oriente-medio/

https://www.politicaexterior.com/anatomia-de-una-masacre/

https://www.vozpopuli.com/espana/saint-denis-francia-zones.html

https://www.eldebate.com/internacional/20250109/libano-nombra-jefe-ejercito-joseph-aoun-como-nuevo-presidente-dos-anos-bloqueo-politico_259513.html

https://revistacentinela.es/no-go-zones-enclaves-extranjeros-en-el-corazon-de-europa/

https:// infovaticana.com/2016/10/27/sera-vientre-nuestras-mujeres-nos-la-victoria/

https://europeanconservative.com/articles/interviews/interview-with-renaud-camus/

https:// www.atalayar.com/articulo/politica/francia/-en-frenta-expansion-hermanos-musulmanes /202 4051407-1609199990.html
https://www.eldebate.com/internacional/20240518/ciu-dad-britanica-brighton-elige-primer-alcalde-musulman-_198129.html
https:// gaceta.es/mundo/el-islam-obtiene-un-resultado-historico-en-las-elecciones-municipales-de-inglaterra-al lahu-akbar-20240505-1119/
https:// gaceta.es/opinion/inglaterra-ha-muerto-202501-28-04-00/

El genocidio armenio

A lo largo de la historia no han sido pocos los pueblos sometidos a matanzas, masacres e, incluso, exterminio. Algunos han sido más reconocidos como víctimas de estos intentos de aniquilación, lleguen o no a consumarse. Los motivos de este reconocimiento pueden ser múltiples: presencia poblacional en naciones más tolerantes, élites con influencia política o económica, medios para denunciar segregación y persecuciones, etc. Este sería el caso de los judíos. Está acreditado que durante la Segunda Guerra Mundial millones –se han contabilizado unos seis– fueron asesinados, y que el régimen nazi intentó su exterminio total con la 'Solución final', que fue una política de genocidio deliberado y sistemático que comenzó en toda la Europa ocupada por los alemanes, y culminó en el Holocausto (la *Shoá*, 'Catástrofe'), que supuso el asesinato del 90% de los judíos polacos y de dos tercios de la población judía de Europa. Son tristemente célebres los campos de concentración y exterminio de Treblinka, Auschwitz I, Auschwitz II-Birkenau, así como varios otros.

Pero ha habido otros pueblos que han sido sometidos a asesinatos masivos, verdaderos genocidios, cuya existencia es menos conocida, y no por ello menos trágica debido a la acción criminal por parte de sus ejecutores. Cabe recordar aquí el Holodomor[46] ucraniano perpetra-

---

[46] https://historia.nationalgeographic.com.es/a/holodomor-gran-hambruna-ucraniana_15338

do por los comunistas soviéticos sobre la población civil ucraniana, entre 1932 y 1934, y que arrojó unos dos millones de víctimas mortales –aparte de varios más en otras regiones de la URSS, como en Kazajistán y el norte del Cáucaso–, fruto de la imposición brutal de la colectivización forzosa llevada a cabo implacablemente por el sanguinario Stalin.

Aunque haya sido estudiado profusamente[47], quizá menos conocido a nivel popular sea el genocidio armenio llevado a cabo por los turcos. Supuso la brutal deportación forzosa y el posterior intento de exterminar a la población armenia. Se calcula que entre un millón y medio y dos millones de civiles armenios fueron perseguidos y asesinados por el gobierno del Comité de Unión y Progreso en el Imperio otomano, entre 1915 y 1923 (en este año, abolido el sultanato en 1922, se implanta la República turca, aunque en 1909 ya habían accedido al poder los Jóvenes Turcos). Uno de los genocidios más brutales de comienzos del siglo XX, junto con el acaecido en el Congo belga.

El pueblo armenio puede considerarse uno de los más antiguos de la humanidad. Se podría estimar tan antiguo como el pueblo hebreo. Del mismo modo que no puede hoy hablarse de íberos para los actuales habitantes de España, ni de galos en el caso de Francia, sí puede rastrearse una continuidad en el pueblo armenio desde hace más de tres mil años. De hecho, ya en la Biblia se hace referencia al monte Ararat, situado en la actual Armenia, como el lugar en el que se posó el arca de Noé tras el diluvio[48].

---

[47] Al final del artículo se ofrecerá una bibliografía seleccionada de los libros o páginas de internet dedicadas a los diversos aspectos del pueblo armenio.
[48] Génesis 8-4.

Se han hallado restos humanos y materiales en esa zona del periodo Calcolítico y la posterior Edad del Bronce. Aproximadamente se puede situar en ese entorno el reino de Urartu (nombre dado por los asirios), basado en una confederación de tribus Nairi, lideradas por Arame (su fundador); reino que hizo frente al todopoderoso Imperio asirio. Su capital fue Tushpa (luego Van). Este reino se extendió por las actuales Armenia, y partes de Turquía, Georgia e Irán (el siglo IX a. C. fue el de su mayor esplendor). Sargón II infligió una derrota a los urarteos, aunque la conquista final del reino de los Nairi fue a manos de los medos y los escitas ya en el 590 a.C. Desde esa época, siglos VII y VI a. C., está acreditada la existencia de Erevan, la actual capital.

Con posterioridad, y ya bajo el nombre de Armenia, sería dominada por los aqueménidas persas, que impusieron para su gobierno un sátrapa. Mas el imperio persa cayó derrotado por Alejandro Magno, quien forjó una amplio y efímero imperio hasta su pronta muerte en el 323 a. C. Tras este suceso, Orontes II estableció Armenia como un reino independiente que duraría unos cien años. De nuevo fue conquistada por el seléucida Antioco, quien acabó derrotado por Roma en el 190 a. C. Aprovechó la ocasión Artaxias, y se proclamó rey de la Gran Armenia. Sus descendientes gobernaron cerca de un siglo. Durante este tiempo, floreció el reino de Tigranes II, que se sacudió el yugo de los partos, y conquistó Media, Cilicia, Capadocia, Frigia, etc. Enfrentado con los romanos, acabó convertida Armenia en un reino satélite de Roma en el 66 a. C. En el conflicto bélico entre los romanos y Partia, Armenia fue aliado y rival alternativamente de unos y otros para, al final, concluir siendo un juguete dentro de ese círculo vicioso bélico, que acabaría con la dinastía artáxida. En el año 69 d. C. Armenia pasaría ser una provincia más del Imperio romano, gobernado por Vespasiano; aunque a principios del siglo II Adriano le concedió la independencia.

La dinastía arsácida, instaurada tras la nueva soberanía, se vio otra vez agredida por los partos; de nuevo Roma acudió en auxilio y los derrotó. Por otro lado, los partos fueron sustituidos por una nueva dinastía, la de los sasánidas en Persia. Pero Armenia volvió a convertirse en campo de batalla entre Roma y Persia. Al vencer Marco Aurelio a los sasánidas en el año 270 d. C., Tiridates III se convirtió en el nuevo rey de Armenia. Aunque en el país se había adoptado la religión zoroástrica, él era pagano (aborrecía una religión procedente de sus enemigos persas). Gregorio, un cristiano armenio, fue encarcelado al rechazar el culto pagano pero, al cabo de los años, curó de una grave enfermedad al monarca. Éste pasó de perseguir a los cristianos –como su protector el emperador Diocleciano– a convertirse al cristianismo, y declarar esa religión como la oficial en el año 301 d. C., siendo Armenia la primera nación en adoptarlo.

En el año 405, Mesrob, perteneciente a una familia noble de Armenia, ya había desarrollado un alfabeto armenio de treinta y seis letras específicas donde se unificaban los diferentes dialectos populares (la clase noble usaba el griego y el latín). Y tradujo al armenio así codificado la Biblia. Armenia disponía pues de una voz propia en el ámbito de la literatura. Esto, junto a la adopción del cristianismo, hizo resurgir la identidad nacional, cosa que no estaban dispuestos a admitir los sasánidas, aunque los persas llevaban décadas dominando a los armenios (imponiendo reyes, por ejemplo).

Así que les conminaron a que volvieran a abrazar el zoroastrismo. Ante la resistencia armenia liderada por Vardan y sus hombres, un poderoso ejército persa los destrozó en desigual batalla en el 451 en Avarayr. Los sobrevivientes continuaron con una guerra de guerrillas, y en el 484 consiguieron que se les permitiese mediante un tratado la práctica de su religión.

Armenia, aliada de Bizancio, había sido un mero peón para este imperio. Desde el siglo V, el territorio armenio estaba repartido y dominado bien por Bizancio bien por Persia. Los constantes enfrentamientos entre bizantinos y persas asolaban su tierra, mientras que bastantes armenios militaban en las filas del ejército bizantino. Heraclio, hijo de un gobernador armenio, se enfrentó al usurpador Focas, se convirtió en emperador bizantino y, combatió a los sasánidas –que además habían arrasado Tierra Santa–, y el 622 consiguió expulsarles para siempre de Armenia.

Pero una nueva potencia iba a surgir. En Arabia, tras la muerte de Mahoma en el 632, el califa Omar decidió conquistar la decadente Persia, lo que consiguió en el 642. Una vez logrado esto, los árabes sitiaron y destruyeron la capital armenia, Divin, y mataron o esclavizaron a miles de armenios. En el resto del siglo VII y el VIII, Armenia fue ocupada por los árabes que intentaron islamizar a la población, sin conseguirlo. En el año 885 Ashot I se convirtió en rey de una Armenia libre, con lo que inició la dinastía bagrátida que perduraría ciento sesenta años, con capital en una floreciente Ani.

Una nueva potencia surgiría: el Imperio turco selyúcida. Originarios de lo que hoy en día es Kazajistán, a principios del siglo XI conquistaron Persia y la antigua Mesopotamia. Luego atacaron y conquistaron Ani. Huyeron muchos armenios y se establecieron en Cilicia, en la zona costera meridional de Anatolia (no sería ésta la única comunidad de este pueblo obligada a dejar sus hogares). Por ese tiempo, el papa Urbano II, tras la ayuda solicitada por el emperador Alejo I, convocó la Primera Cruzada en 1095. Miles de soldados europeos viajaron hacia Oriente, y los armenios del Principado de Cilicia –territorio que atravesaban camino de Tierra Santa– se les unieron.

La asombrosa alianza entre Bizancio y los selyúcidas, y su líder Saladino, que permitió la toma de Jerusalén por éste en 1187, hizo que el emperador del Sacro Imperio romano-germánico, Federico Barbarroja, promoviese la Tercera Cruzada. En estas circunstancias históricas se creó el Reino armenio de Cilicia, con el rey Levon a la cabeza (A este Reino se le conocerá como la Pequeña Armenia). Prosperó este nuevo reino mientras los armenios originarios continuaban sometidos a los selyúcidas.

Mas una nueva potencia aparecería en el mundo arribando a la propia tierra armenia: los mongoles que, con Gengis Kan a la cabeza, conquistaron China y buena parte de Asia. En su expansión llegaron a una Armenia fragmentada tomándola entre 1220 y 1240. La Armenia Menor siguió disfrutando de cierta independencia mediante pactos, mientras la Gran Armenia se vio sometida a los mongoles. Pero los mamelucos –en realidad esclavos egipcios al servicio de los selyúcidas– hicieron frente a los mongoles, y además tomaron la Armenia Inferior (Menor).

Un nuevo y aún más brutal conquistador fue Tamerlán, originario del actual Uzbekistán. En 1400 había vencido a diversas tribus –incluso a los kanes de la Horda de Oro–, unificándolas. Derrotó a persas e indios. Forjó el imperio timúrida, con capital en Samarcanda. Invadió Armenia y Georgia, no limitándose a la invasión sino que también las destruyó. Impuso un terror plasmado en infinidad de matanzas multitudinarias, que buen pueden llegar a considerarse un verdadero genocidio, simplemente por una brutalidad despótica, sin motivos culturales ni religiosos.

Pero el imperio timúrida perduró poco tras la muerte de Tamerlán en 1405. Un nuevo protagonista histórico hará acto de presencia. Los otomanos eran una de las diversas tribus túrquicas que, procedentes del Asia Central, se habían establecido en Anatolia. Mehmed convirtió a los otomanos en una nación, y luego en un impero. Sobre todo tras tomar en el 1453 Constantinopla poniendo así fin al imperio de Bizancio. El Imperio otomano siguió creciendo bajo Solimán el Magnífico; aparte de Anatolia, se fue anexionando Siria, Egipto, Palestina, Jordania, Iraq, Líbano, parte de Arabia y África, incluso países europeos como Bulgaria, Hungría, Grecia o Armenia.

Al Imperio otomano le surgió un rival. La dinastía safavida se había establecido en Persia, Ésta, tras el dominio árabe, se habían convertido al Islam. Pero no eran sunitas como los otomanos sino chiitas. La confrontación entre otomanos y persas va a durar más de trescientos años. De nuevo a Armenia le tocó estar en medio de dos poderosos enemigos, siendo agredida sucesivamente por unos u otros. El sah persa Abás I, ordenó la deportación de cientos de miles de armenios hacia Isfahán en 1604. Esa larga y penosa marcha, por territorios inhóspitos y en invierno, supuso la muerte de miles y miles de armenios, puesto que sólo sobrevivieron menos de ciento cincuenta mil. El Imperio safavida desapareció en 1736 por los enfrentamientos con los otomanos y Rusia. La histórica Gran Armenia iba a quedar fracturada en una Armenia Oriental, bajo control ruso, y una Armenia Occidental –incluida Cilicia–, bajo dominación turca.

En la zona gobernada por los otomanos, estos pusieron en práctica el sistema '*millet*', mediante el cual dividían a sus súbditos en función de su origen racial y su fe religiosa, y les aplicaban impuestos en base a esas características. Los armenios, fieles al cristianismo, formaban parte del escalón social más bajo del imperio y tenían que pagar unos impuestos mucho más altos que los musulmanes. Resultaba sorprendente que los armenios conservasen en un medio turco tan opresor y hostil una identidad cultural.

Aunque había grupos armenios que habían encabezado algún conato de rebelión, la inmensa mayoría de la gente vivía pacíficamente. Pero el sultán, ante el declive de su imperio, declaró a los armenios enemigos peligrosos que podría provocar la caída del aquel. En los disturbios entre 1894 y 1896 fueron masacrados unos trescientos mil armenios. Otra ola de asesinatos en masa se produjo en 1909, cuando ya gobernaban los Jóvenes Turcos. Este autodenominado gobierno progresista, en los umbrales de la Primera Guerra Mundial, consideró que una forma de presentarse ante el mundo como una unidad era la de la 'turquificación', la presentación de una identidad turca única. Los armenios obviamente representaban una amenaza para ese imperio. La campaña de 'turquificación' fue desastrosa para las minorías étnicas y religiosas.

El genocidio armenio comenzó el 24 de abril de 1915, iniciada ya la Primera Guerra Mundial, y se extendió durante siete años hasta 1922 en la región occidental. En aquella fecha cientos de intelectuales armenios –su clase media y alta urbana– fueron arrestados, encarcelados, y asesinados o deportados. Durante los siete años posteriores cientos de miles de armenios de las capas más populares fueron expulsados de sus casas y masacrados. De todas las maneras imaginables: "fusilados durante las marchas por el desierto, despedazados con espadas de forma espantosa…, de hambre, a golpes, violadas las mujeres,… quemados vivos,… muchos adultos fueron gaseados o se les hizo subir a barcos para ser lanzados al mar,… miles de niños fueron vendidos como esclavos…"[49]. Se estima que en torno al millón y medio de personas fueron exterminadas, salvándose sólo un cuarto de la población total de armenios previa al genocidio.

Gestación y desarrollo del genocidio.

Aunque Europa presionó para que el Imperio otomano modificase su actitud respecto a diversas minorías étnicas y religiosas, se mostró renuente a modificar su postura. Ya desde el siglo XIX, en el Congreso de Berlín de julio de 1878, el tema del tratamiento a los armenios por parte del Imperio otomano se conoció como la 'cuestión armenia' (también se cuestionaría el trato a otras minorías). En este congreso se negoció la paz entre Rusia y el Imperio tras la derrota de éste. Mas el sultán, haciendo caso omiso a los requerimientos, aumentó la opresión a los armenios. Y las reformas exigidas por las potencias europeas, lejos de cumplirse, no devinieron más que en nueva oleada de violencia contra ellos.

La primera masacre se produjo en la ciudad de Harput. Cañoneados por la artillería otomana, y asaltados

---

[49] *Historia de Armenia*, Captivating History, 2020, pág. 94.

por el Regimiento Hamidian (o *Hamidiye*), formado por bandidos kurdos a los que apoyaba el gobierno otomano, se produjo una destrucción del barrio armenio en la que sucumbieron unas cuarenta mil personas en dos años. Esta sólo fue una de las múltiples matanzas sufridas por los armenios en el Imperio. Se cree que en esas masacres perpetradas por el *Hamidiye*, las víctimas ascendieron desde 1894 a 1896 a trescientos mil asesinados de todas las formas posibles.

Si trágica había sido la existencia de los armenios durante el sultanato de Abdul Hamid, habría que esperar al desenlace que les esperaría con el advenimiento al poder de los Jóvenes Turcos –oficiales del ejército que formaron la Comunidad de Unión y Progreso, CUP– que acabarían con el sultanato en 1908. A la revolución de aquellos se sumarían los pocos grupos armenios rebeldes existentes. La caída del sultanato provocó la alegría y el regocijo de los turcos y las minorías.

Pero se produjo un contragolpe. La CUP pretendió crear un gobierno secular y, entre otras medidas, permitió que los cristianos portaran armas. Esto produjo temor entre los musulmanes, y los leales al sultán tomaron de nuevo el poder, expulsando del gobierno a los Jóvenes Turcos a inicios de abril de 1909. Se produjo una posterior masacre en la ciudad de Adana, como respuesta a los disturbios protagonizados por unos rebeldes armenios enfurecidos por el nuevo cambio. En los enfrentamientos morirían dos mil turcos y cinco mil armenios. A fines de abril de 1909, los Jóvenes Turcos recuperarían el poder.

Al recuperar nuevamente el gobierno, y ante la atmósfera bélica mundial, la CUP se planteó si sería mejor generar un estado multinacional étnicamente diverso o evitar que el Imperio otomano se fuera desintegrando asediado en sus fronteras por otras potencias europeas. Decidieron unir al Imperio bajo una identidad singular: la de ser turco. La turquificación fue entonces la política llevada a cabo por los Jóvenes Turcos, comandados por los 'Tres Pashas'. Esto suponía unificar a todos los habitantes bajo una misma cultura, al margen de sus idiosincrasias. Con este intento de asimilación lo que se obtuvo fue la discriminación real de las minorías y de otros pueblos dominados. De resultas de esta política, se produjo la Primera Guerra de los Balcanes, en la que Grecia, Serbia, Montenegro y Bulgaria se independizaron antes de iniciarse la guerra de 1914.

El 4 de agosto de 1914 se desata la Primera Guerra Mundial y, tras una indecisión inicial, Enver Pasha decidió unirse a Alemania y Austria-Hungría. En este marco bélico, las autoridades religiosas musulmanas aprovecharon las circunstancias para declarar una guerra santa: contra todos los no musulmanes. Y con la excusa de la derrota en una batalla frente a las tropas rusas, y la acusación de que algunos armenios se habían aliado con los rusos, se desató la violencia de grupos de delincuentes y bandidos contra los armenios. Puede decirse que el genocidio comenzó con el asedio de la ciudad de Van, en la que se habían refugiado miles de armenios; unos rebeldes, otros simples campesinos. Miles que intentaron refugiarse fueron masacrados; pero la ciudad resistió hasta que las fuerzas rusas acudieron al rescate.

Aunque la persecución realmente organizada se inicia el 24 de abril de 1915, cuando en Constantinopla, cientos de intelectuales armenios fueron arrestados y, muchos de ellos, asesinados, antes de ser, junto a otros miles, deportados. Ese destierro se hizo a través del desierto sirio hacia la cuidad de Deir ez-Zor. Y se oficializa aquella el 29 de mayo de 1915 mediante la ley Thecir. Esta ley "permitió a los funcionarios otomanos deportar sumariamente, sin ningún tipo de juicio o investigación y, a su discreción, a cualquier persona armenia que se considerase una amenaza para la seguridad nacional"[50].

Bruscamente arrestados por la policía, el ejército o, incluso, por civiles turcos colaboradores, fueron obligados a realizar agotadoras marchas cuando no encerrados en vagones de trenes apiñados como ganado. Las mujeres fueron violadas o vendidas como esclavas; los varones golpeados, atravesados por espadas, tiroteados, quemados; los ancianos y niños morían en las extenuantes marchas; todos sometidos al hambre, la sed, el calor, y sin refugio. No se excluía a nadie: jóvenes o ancianos, niños pequeños, mujeres embarazadas, enfermos, discapacitados. Todos en vagones atestados e infectos, o marchando a pie más de mil millas hasta su destino. "Cuando el gobierno envió a esos armenios al desierto fue con pleno conocimiento de que la mayoría de ellos no sobreviviría"[51].

Pero es que, incluso, los pocos supervivientes que lograron llegar a Deir ez-Zor, unos treinta mil, en su mayoría mujeres y niños, –a pesar de la inicial protección del gobernados Ali Bey (árabe), que fue removido del mando y sustituido por un cruel y brutal comandante militar, Zki Bey–, fueron de nuevo instalados en campos de exterminio y sometidos a todo tipo de vejaciones y crueldades, u obligados a vagar por el desierto al ser expulsados. Ya en agosto de 1915 se denunciaba en el New York Times que "Los caminos y el Éufrates están llenos de cadáveres de exiliados, y los que sobreviven

---

[50] *El genocidio armenio*, Captivating History, 2020, pág. 159.
[51] Ibid. Pág. 162.

están condenados a una muerte segura. Es un plan para exterminar a todo el pueblo armenio"[52].

En otros lugares como en Trebisonda, el gobernador, Cemal Azmi, ideó –al margen de los métodos más habituales de suprimir a los armenios–, una nueva atrocidad: infectar a los armenios –por lo general, niños– con sangre contaminada con tifus. Y no satisfecho con esta nueva perversión, embarcó a mujeres y niños en naves, con la excusa de deportarlos a otra ciudad, para ser arrojados por las tripulaciones a las heladas aguas del mar Negro.

Niños y niñas supervivientes fueron también empleados como esclavos sexuales, o encerradas en harenes. Y las mujeres y niños que fueron vendidos a familias musulmanas fueron desposeídos de su fe cristiana, y obligados a practicar una nueva y extraña para ellos. Mientras que la mayoría usó a las mujeres y niñas como esclavas, sólo algunos piadosos turcos accedieron a casarse con mujeres armenias (varias, dada su poligamia) para librarlas del genocidio. Y se salvaron, pero a costa de perder su fe, su idioma y su identidad nacional.

El gobierno turco promulgó una ley, la 'Ley temporal de expropiación y confiscación', por la que se hacía con todas las propiedades de los armenios deportados o muertos. Todos sus bienes fueron incautados por el gobierno. Algunas posesiones fueron vendidas a turcos musulmanes; otras expropiadas para finalidades de la guerra.

En octubre de 1918 se firmó el armisticio de Mudros por el cual el Imperio otomano se rendía a los británicos, confirmado en Sèvres en 1920 (poco después lo haría Alemania con los Aliados, rubricado el 11 de no-

---

[52] https://historia.nationalgeographic.com.es/a/genocidio-arme-nio_16665

viembre de 1918 en Compiègne; sería refrendado el 28 de junio de 1919 en el Tratado de Versalles). Los británicos liberaron a los menos del medio millón de armenios que habían sobrevivido. Eran unos dos millones los asentados en el Imperio otomano antes del genocidio; luego habían sido asesinados cerca del millón y medio.

Buena parte de los que huyeron llegaron a la región que era protectorado ruso, la Armenia Oriental (donde se encontraban Ereván y el monte Ararat). Pero poco antes de que los bolcheviques llegaran al poder, las tropas rusas se retiraron dejando a los armenios de la zona oriental indefensos. Aquí se encontraban buena parte de los supervivientes escapados de occidente. El 28 de mayo de 1918 —a unos meses de concluir la Primera Guerra Mundial–, el general Drastamat Kanayan, con nueve mil armenios libró la batalla de Sardarapat contra los turcos Y a pesar de la inferioridad salieron vencedores. Se constituyó la primera República de Armenia, que duró dos años. Los bolcheviques crearon la República Socialista de Armenia en 1920. De nuevo, Armenia se encontró dividida: la parte oriental en poder de la URSS; y la occidental arrebatada por Turquía de nuevo en la guerra turco-armenia, y que no volverá a formar parte de Armenia[53].

Al finalizar la Gran Guerra, diversos juicios se llevaron a cabo, —entre otras ciudades, en Trebisonda y Constantinopla–, para encausar a los principales responsables de participar en la Gran Guerra, y a los cul-

---

[53] Sí se habían constituido partidos armenios al comienzo del gobierno de la CUP —como la Federación Revolucionaria Armenia, núcleo de la resistencia en la guerra turco-armenia de 1920–, así como otros grupos armados. Pero eran una ínfima minoría comparada con la población total armenia.

pables de crímenes contra la humanidad. Los Tres Pashas fueron juzgados en ausencia y condenados a muerte. Aunque los aliados entregaron a la justica a los culpables, sólo un grupo de la gran cantidad de administradores y funcionarios responsables fueron condenados, debido a las trabas, demoras e, incluso, falsificaciones documentales de los propios tribunales turcos; y además no se llegaría a dar ninguna indemnización a las víctimas[54].

Presidiendo la Gran Asamblea Nacional con sede en Ankara ya desde abril de 1920, Mustafá Kemal Ataturk, estableció su revolución nacionalista; incluso se atrevió a retar a los británicos no reconociendo el tratado de Sèvres. Fue elegido presidente de la nueva República de Turquía en 1923. (El Imperio otomano se había disuelto aunque, más nominalmente que con poder, había conservado la figura del sultán hasta 1922).

Ataturk comenzó a deportar de nuevo a los armenios aún supervivientes, aunque con una intencionalidad política más que religiosa puesto que había transformado Turquía en un país secular. Pocos miles de armenios permanecieron en Turquía pues la mayoría sufrieron la diáspora yendo a parar a múltiples países, tanto de Europa como de América del Sur (Argentina y Uruguay principalmente), Estados Unidos o Australia[55]. Hubo héroes abnegados que hicieron todo lo posible para libertar a armenios retenidos por los musulmanes, fundamentalmente mujeres y niños, teniendo que pagar generosos rescates a sus dueños, y liberando así a mu-

---

[54] Los Tres Pashas serían asesinados poco después en diversos atentados de venganza, dentro de la llamada Operación Némesis, al no poder ser ejecutados por haber huido a Alemania.

[55] Se estima en unos ocho millones los armenios dispersos por el mundo, cuando la actual Armenia la habitan tres millones.

chos cautivos, a pesar de todas las dificultades encontradas para liberarlos.

La deportación y el asesinato de los armenios fue un genocidio en toda regla, el intento de exterminar a toda una raza. Para el historiador americano Ronald G. Suny, "el genocidio, que es la eliminación de la población armenia en lo que había sido, históricamente, su tierra natal, se llevó a cabo mediante tres métodos: la dispersión, la masacre física y la asimilación o la islamización por la fuerza"[56]. Sin embargo, Turquía, a pesar del reconocimiento de numerosos países del genocidio armenio, jamás lo ha admitido. Es más, "la negación del genocidio armenio es tan grave que el simple hecho de mencionar el genocidio en Turquía es un delito"[57].

En la parte oriental, bajo autoridad rusa, al principio no había habido una persecución que buscase el exterminio de la población armenia –sólo la habitual dureza de una ocupación– pero, tras la victoria de los bolcheviques y, sobre todo, después de la Segunda Guerra Mundial, y el gobierno cruel y criminal de Stalin, sí sufrieron una fuerte represión. El dictador estaba decidido a erradicar por completo la religión, y los armenios eran profundamente cristianos y, por tanto, perseguibles; tal fue así que tuvieron que vivir su fe secretamente.

Al alcance siempre de una potencia, dada su situación geográfica –cuando no en medio de dos enfrentadas–, Armenia sufrió las ambiciones expansionistas de conquista de ellas: ya fueran los asirios; en el marco de la contienda entre Alejandro y los aqueménidas; de Roma y Partia; del imperio bizantino y los sasánidas; luego, del califato árabe; y, durante mucho tiempo, de los tur-

---

[56] https://espanol.umich.edu/noticias/2015/04/24/la-historia-del-genocidio-armenio/
[57] *El genocidio armenio*, Captivating History, 2020, pág. 206.

cos, ya fueran los selyúcidas o el posterior Imperio otomano. Sin olvidar el dominio ruso primero y soviético después de su zona oriental. Pero al fin, la URSS cayó también en 1991, disolviéndose y dando paso a la independencia de varios países de su extenso imperio; entre ellos Armenia. Este nuevo periodo deberá estudiarse en el contexto de una conquistada y esperable definitiva soberanía[58].

A la luz de los hechos históricos y la documentación y testimonios recogidos, puede concluirse que los armenios sufrieron un auténtico genocidio (aunque este término no se les adjudicó hasta el final de la Segunda Guerra Mundial tras lo ocurrido con los judíos). Los métodos utilizados son los ya señalados por Ronald G. Suny de las deportaciones masivas en condiciones infrahumanas, las matanzas multitudinarias (por miles y miles) con todos los métodos inimaginables, y la aculturación al ser entregados mujeres y niños a los que serían sus dueños para ser islamizados.

Hubo por tanto motivos raciales: los armenios eran de raza caucásica (indoeuropea), los otomanos eran de raza túrquica; puede colegirse que hubo una intencionalidad de limpieza étnica. Causas religiosas: los armenios eran cristianos y los otomanos musulmanes; en consecuencia una minoría que, aunque sometida a la mayoría, podría contaminar (el proceso de 'turquificación' las autoridades religiosas lo acogieron con entusiasmo y lo fomentaron). Y objetivos culturales: eliminar a elementos alógenos a la cultura mayoritaria turca, cuya historia, lengua, costumbres, tradiciones eran bien dis-

---

[58] No es el objetivo de este estudio, analizar las distintas vicisitudes internas −inestabilidades incluidas− acaecidas desde la independencia; sí se añadirá un apéndice sobre el conflicto con Azerbaiyán.

tintas. Las excusas políticas de que eran un peligro para el Imperio –por la ocasional alianza de algunos grupos armenios con enemigos como los rusos– no se sostienen. Un proceso de exterminio tiene como finalidad homogeneizar y uniformizar una sociedad eliminando lo extraño y diferente. Y todo ello avalado por leyes como las que se promulgaron y aplicaron a lo largo de ese traumático y negro periodo.

Cuestión de Nagorno-Karabaj y la disputa territorial con Azerbaiyán.

Ya desde la gestación de la República de Armenia, Azerbaiyán –en lo cultural y religioso estrechamente ligado con Turquía– reclamó diversas áreas de Armenia e, incluso, invadió sus fronteras, pero los azeríes fueron rechazados por los armenios. En agosto de 1920, en el tratado de Sèvres entre los Aliados y el Imperio otomano, se trataron de definir las fronteras armenias, reconocimiento hecho por los turcos a regañadientes. Es más, al acceder al poder Ataturk, en la guerra turco-armenia de 1920, invadió Armenia apoderándose de dos tercios del territorio armenio (que ya no volverían a ser devueltos). Armenia, como ya se ha indicado más arriba, pasaría a ser una de las repúblicas soviéticas.

Tras el desmembramiento de la URSS en 1991, Armenia recupera su independencia, celebrando sus primeras elecciones democráticas el 16 de octubre de 1991. En este contexto histórico, estalló la Primera Guerra entre Armenia y Azerbaiyán por el control efectivo de la región de Nagorno Karabaj, que terminó en 1994 con la victoria armenia, a pesar de encontrarse en una clara desventaja militar. Aunque la guerra no terminó hasta 1994, ya en 1991 fue creada la República de

Artsaj –conocida como Alto Karabaj–, dependiente de Armenia.

El auge económico de Azerbaiyán debido a sus exportaciones de gas y petróleo, se destinó en gran medida a modernizar su ejército y adquirir armas de primera generación, y en 2020 decidió contraatacar con toda su novedosa fuerza. Se inició así la Segunda Guerra de Nagorno- Karabaj. Los armenios fueron derrotados, y la República de Artsaj quedó aislada por las tropas azeríes, que impidieron el paso de mercancías a través del corredor de Lachin. La derrota significó la pérdida del control armenio de buena parte de Artsaj. Han sido testificadas y denunciadas las atrocidades de los azeríes sobre la población civil armenia en los territorios conquistados.

Estas prácticas de barbarie y sadismo pueden considerarse como una nueva oleada de limpieza étnica, lo que permite constatar una nueva fase del genocidio armenio; "en el siglo XXI, la máxima responsabilidad de los crímenes recae en el dictador azerí Ilham Aliyev, que cuenta con la colaboración y el beneplácito del presidente turco Recep Tayyip Erdoğan"[59].

En septiembre de 2023, Azerbaiyán lanzó un rápido y feroz ataque mediante al cual tomó el resto de Artsaj, que tuvo que rendirse ante su inferioridad el 19 de ese mes. El acuerdo firmado de inmediato supuso el exilio masivo forzado de más de cien mil personas hacia Armenia, y la disolución de la República de Artsaj, ocupando los azeríes todo el antiguo territorio armenio. Un nuevo caso de limpieza étnica de los armenios.

En el marco de la guerra ruso-ucraniana, los intereses económicos han prevalecido, pues Azerbaiyán es un

---

[59] https://historia.nationalgeographic.com.es/a/conflicto-nagorno-karabaj-olvidado-pueblo-armenio _ 20399

suministrador de gas y petróleo a Occidente, y sólo de manera institucional, aunque poco firme –no se han impuesto sanciones debido a su dependencia energética–, la UE ha condenado las graves agresiones cometidas por el régimen de Bakú. Estos nuevos miles de desplazados –un éxodo más a añadir a los anteriormente sufridos– se suman a los ocho millones dispersos por todo el mundo.

"En cualquier caso, la constante hostilidad por parte de Turquía y Azerbaiyán contra Armenia hace imposible vislumbrar un fin al conflicto entre los dos bandos. Bakú y Ankara desean establecer un corredor que facilite las comunicaciones y transportes entre ambos países, separados únicamente por Armenia. Además, la clara superioridad militar turca y azerí, y sus fuertes vínculos económicos con Occidente, hacen pensar que, ante futuros atropellos, se generarán pocas reacciones de verdadero peso, por muy noble y justa que sea la actitud de los armenios"[60].

¿Significará esto un nuevo capítulo a añadir al largo proceso de tribulaciones padecidas por la población armenia a lo largo de su milenaria historia? Ha de reconocerse que, salvo ocasionales e interesados apoyos rusos, siempre ha sido una nación que ha estado al albur de todos los poderosos enemigos que la han rodeado y sus intereses de poder, estratégicos, militares, económicos. Y a todo ello se suma el que no es una región especialmente rica en recursos naturales con los que hacerse valer en el concierto internacional.

---

[60] Ibid.

Bibliografía

Sobre la historia de Armenia:

Eugène Boré, *Historia de La Armenia*, Nabu Press, 2012. Se puede encontrar una edición digitalizada en internet sobre la edición original de 1838. https: // books.google.co.ve/books?id=hP721IOCJwgC& print sec =frontcover#v=onepage &q&f=false
Ashot Artzuni, *Historia del pueblo armenio*, Sirar Ediciones, 2011
Historia de Armenia, Captivating History, 2020.
https://www.centroarmenio.com.ar/breve-historia-de-ar menia (texto del Centro Armenio de la República Argentina)
https://spain.mfa.am/es/history/ (texto de la Embajada de Armenia en España).

Sobre el genocidio armenio:

El genocidio armenio, Captivating History, 2020.
G. H. Guarch, *El árbol armenio*, Almuzara, 2023
https://historia.nationalgeographic.com.es/a/genocidio-armenio_16665
https://www.nuevatribuna.es/articulo/mundo/armenia-una-historia- oculta/20110927145 848062479.html
https://espanol.umich.edu/noticias/2015/04/24/la-historia-del-genocidio-armenio/

Sobre Nagorno-Karabaj y el genocidio:

https://www.france24.com/es/asia-pac%C3%ADfico/20
210423-armenia-genocidio-historia -aniversario-azerbai
yan
https:// historia.nationalgeographic.com.es/a/conflicto-
nagorno-karabaj-olvidado-pueblo-armenio_20399
https:// legrandcontinent.eu/es/2023/09/25/armenia-azer
baiyan-en-el-caucaso-la-historia-es-una-herramienta-po
derosa-comprender-el-gran-contexto-de- nagorno- kara-
baj/
https://www.youtube.com/watch?v=ZlyViRRVtHM
(video).

Libros de ficción y viajes:

Varujan Vosganian, *El libro de los susurros*, Pre-Tex-
tos, 2010.
Xavier Moret, *La memoria del Ararat*, Península Ediciones, 2015.

No somos moros

En el imaginario popular, dentro del lenguaje coloquial, el epíteto "moro" designa a un varón celoso, posesivo, dominante y controlador de una mujer; lo que la ideología dominante tildaría como un perfecto "machista". Y, sin embargo, en otras épocas no tenía una connotación tan censurable. Pero, por qué lo de "moro". Es obvio que tiene su origen en la larga presencia de personas procedentes del norte de África durante la invasión y el dominio musulmán de la península. A lo largo de este extenso periodo, "convivieron" (conflictivamente, desde luego), los musulmanes y los cristianos; amén de la minoría judía. (Recuerdo folclórico de ello serían las actuales fiestas levantinas de moros y cristianos).

Pero en la actualidad, bajo el imperio de lo políticamente correcto, llamar a un magrebí "moro", constituye un acto discriminatorio, tiene una connotación peyorativa −no es el mero gentilicio del oriundo de Marruecos−, un término descalificador que trata de menospreciar y, a la par, excluir a quien lo recibe. Ya no hay una referencia histórica al habitante de la península procedente del norte de África desde el siglo VIII (ni siquiera al más exótico mahometano de las Filipinas, que también recibían el apelativo de 'moro'), sino que va dirigido al inmigrante de baja cualificación profesional de origen norteafricano, con lo que puede entenderse que se incurre en un acto que podría calificarse de racismo y xenofobia.

Para algunos, esta discriminación tan arbitraria no debería producirse pues, a fin de cuantas, esgrimen, todos los españoles actuales tenemos mucho de "moro", por la mezcla racial habida a lo largo de varios siglos. No ya sólo se trataría del respeto a cualquier ser por su dignidad personal, (o los sacralizados 'derechos humanos'), sino una especie de comunión racial secular de dos colectividades, casi unas afinidades de sangre. Pero estas argumentaciones se fundan en endebles argumentos (más bien en emotivos tópicos). La cuestión es bastante más compleja, y requiere diversas consideraciones más documentadas y análisis más razonados.

Aunque se observan algunas diferencias básicas entre las poblaciones humanas –color de la piel, textura del cabello, forma de los ojos–, y también se puede descubrir la herencia geográfica de un individuo a través de pruebas de ADN, para muchos no está claro que sirva para dividir a los humanos en diferentes razas. Al parecer, los biólogos no lo hacen; hablan de poblaciones cuyas diferentes herencias evolutivas se pueden trazar con marcadores genéticos, pero reducir esto a lo que se llama "raza" es tan erróneo como inútil. Se considera en medicina que las categorías raciales socialmente construidas no coinciden exactamente con los linajes genéticos más relevantes desde un punto de vista biológico.

Se ha definido que la raza, y el racismo tal y como hoy los conocemos, son un producto europeo surgido entre los siglos XVI y XVIII, y que aparecen como construcciones sociales para justificar moralmente el colonialismo y la trata de esclavos (más propio de unos países que de otros; debiéndose precisar diferencias básicas entre españoles y anglosajones u holandeses). Y que conllevaría como corolario la superioridad de unas razas sobre otras (obviamente de la blanca sobre las demás; e incluso originarían teorías eugenésicas).

Frente al racismo secular surgen las primeras voces en refutar esas ideas, oponiéndose al esclavismo, principalmente en Estados Unidos. Lo hacen sobre todo en el ámbito de los derechos civiles y las leyes. Un líder en esta lucha, en los años 50 y 60 del siglo XX, fue Martin Luther King, quien postulaba una *colour blindness*. No aceptarán sus propuestas los posmodernistas de la Teoría Crítica de la Raza (CRT, por sus siglas en inglés), quienes precisamente hacen de la raza su caballo de batalla y confrontación contra el "racismo blanco". Asignan aquellos a las personas blancas profundos fallos morales y de carácter por el hecho de ser blancos. Y si el racismo está integrado en la cultura y la sociedad, tendrán que sostener que hay un conflicto, o incluso un combate, entre "razas" (siendo las de color las oprimidas y la blanca la opresora).

Pero tras este excurso por la cuestión de la raza –ya volveremos sobre él–, volvamos a tema central de lo "moro".

En el ámbito de la poesía, que puede ser tan imaginativo, cuanto completamente inexacto, Don Manuel Machado cantaba aquello de:

"Yo soy como las gentes que a mi tierra vinieron
–soy de la raza mora, vieja amiga del Sol–
que todo lo ganaron y todo lo perdieron.
Tengo el alma de nardo del árabe español[61].

Donde el bueno de Don Manuel, se reclamaba de la "raza mora", y asumía su "alma de nardo del árabe". Si

[61] https://www.poemas-del-alma.com/manuel-machado-adelfos-.html

bien es cierto que puede tomarse como retórica poética, imágenes para embellecer y hacer más exóticos los versos, algo hay del imaginario general en esa estrofa, máxime teniendo en cuenta que su poesía bebía del folclore popular.

Al margen de los escritores europeos que, atraídos por la "singularidad española", viajaron y escribieron sobre esta tierra y sus gentes, con mucho de fantasía e imaginación, y quizá una atención excesiva en lo más peculiar y diferente (gitanos, bandoleros, lo árabe), es decir, en lo exótico, ya desde el siglo XIV había aparecido la modalidad de los romances fronterizos:

> "Poetizan unos hechos históricos de los que se nutren con frecuencia las crónicas de la época, salpicados de escenas entrañables de la intimidad de los protagonistas. Poetas épicos anónimos cantan las tomas de ciudades significativas del reino (Antequera, Álora, Alhama...), que constituirán el preludio de la toma de Granada. Al mismo tiempo los romances fronterizos dan cuenta de otros hechos de armas que se producían en la frontera"[62].

Como muestra de uno de ellos podemos recordar aquí el célebre de Abenámar:

> "¡Abenámar, Abenámar,
> moro de la morería,
> el día que tú naciste
> grandes señales había!..."[63]

---

[62] https://parnaseo.uv.es/lemir/revista/revista7/romances.htm
[63] https://comentariotexto.wordpress.com/2008/03/02/comentario-del-romance-abenamar-abenamar/

En donde se puede apreciar que llamar a un personaje "moro de la morería" no era constitutivo de discriminación ni de vejación alguna; es más, el personaje apelado es virtuoso y obra con sinceridad. Luego en ese periodo histórico estaba plenamente normalizada la denominación de "moro" para los musulmanes peninsulares.

En las investigaciones del historiador y arabista Felipe Maíllo Salgado, basándose en la toponimia así como en el examen crítico de la antroponimia de las zonas estudiadas, se constata que el área correspondiente al cuadrante noroccidental de la península tuvo una presencia musulmana efímera, que, a la vez, produjo una escasa influencia. De sus análisis extrae varias constataciones concluyentes. "La ocupación musulmana de cuadrante noroeste peninsular nunca se dio y el poblamiento bereber no tuvo apenas consecuencias por su brevedad"[64]. En cuanto a la distribución geográfica: "El Sistema Central fue la frontera entre los dos dominios, al sur al-Andalus y al norte tierra de cristianos, y así fue considerada la cadena de un lado y de otro desde época temprana por cronistas y geógrafos"[65]. En consecuencia, "Asturias, por tanto, no estuvo jamás controlada ni regida por ejércitos bereberes ni árabes (y esto se puede hacer extensivo a la cuenca del Duero)"[66], y si la hubo en alguna localidad lo fue por pactos coyunturales con los dirigentes del área y por breves periodos temporales.

No hubo despoblación en la cuenca del Duero como confirman las excavaciones arqueológicas, y en Astu-

---

[64] Felipe Maíllo Salgado, *Acerca de la conquista árabe de Hispania*, Ediciones Trea, 2011. pag. 120.
[65] Ibid, pag. 122.
[66] Ibid, pág. 124.

rias sí hubo un trasvase de gentes meseteñas dirigiéndose hacia el norte, bien mozárabes bien gentes penetradas de cultura árabe de origen diverso. A este conglomerado de gentes se debe la mayoría de arabismos adoptados en esa época. Es decir: "La toponimia de la zona no se debe a ocupación musulmana alguna, en su mayoría responde a la divulgación de arabismos (tipo, *aldea*, *medina*, *zoco*) prestados por los cristianos en época temprana"[67].

Por su parte, el catedrático y arabista Serafín Fanjul en obras como *Al-Andalus contra España*, aparte de desmontar los mitos de que la invasión musulmana fuera poco violenta así como la idealización de la convivencia de las tres culturas, se cuestiona incluso la arabidad de Andalucía, y descarta toda pretensión de supervivencia racial árabe, ya que adjudica a esa zona una común cultura con el entorno mediterráneo: "Las expulsiones y repoblaciones masivas perpetradas por los invasores cristianos en diversas zonas de Andalucía –Valle del Guadalquivir, Alpujarras, Sierra Morena–, a partir del siglo XIII y hasta finales del XVIII desfiguraron la composición social y, a continuación, sus comportamientos: el consumo masivo de puerco, licores y vino es un buen exponente"[68].

Respecto a la lengua, expone el autor en sus estudios, que la adopción del vocabulario –las numerosas voces procedentes del árabe– en el castellano, "no afecta a la estructura general de la lengua, ni ha operado modificaciones sustanciales en la mentalidad del hablante"[69].

---

[67] Ibid, pág. 127.
[68] Serafín Fanjul, *Al-Andalus contra España*, Siglo XXI, 2000, pág. XXII.
[69] Ibid. Pág. XXIII.

Esas palabras, aunque cuantiosas, son en su mayoría poco utilizadas en el habla cotidiana del español actual.

No menos discutible es la cuestión, defendida por parciales idealizadores del al-Andalus, de la convivencia (falsa) que indefectiblemente llevaría al mestizaje étnico entre invasores musulmanes y población autóctona. Como recoge Rafael Sánchez Saus citando a Cyrille Aillet, el régimen omeya siempre "privilegió una construcción política fundada en la exaltación de la arabidad y la orientalidad, sin referencia alguna al elemento autóctono"[70]. Bien lo demuestra el considerar a la población de los cristianos, mozárabes, como *dimmies* sometidos al impuesto de la *jizya*.

Esa supuesto mestizaje, basado en anecdóticos casos de matrimonio entre una autoridad árabe y una princesa cristiana (puede que esclava), fue bien escaso, entre otras cosas porque la concepción musulmana de la familia no se avenía bien con la de la familia hispanogoda; siendo aquella en la que la pareja conyugal queda subsumida en el linaje del marido, mientras que en la segunda la pareja conyugal era el núcleo organizador de las relaciones de parentesco, no estando la mujer al margen de las actividades públicas. Vendría a ser una concepción endogámica de la estructura familiar frente a una exogámica.

Volviendo a lo que se podía denominar sin lugar a error como el "mito" de las Tres Culturas (propalado por ideólogos constructores de mitos), en él se "traza una imagen exagerada e inexacta para el califato, rotundamente falsa para todas las demás etapas, de convivencia, paz y tolerancia entre los miembros de las dis-

---

[70] Rafael Sánchez Saus, *Al-andalus y la Cruz*, Tecnos, 2021, pág. 271.

tintas etnias y religiones que se yuxtaponían o se superponían –unas rigurosamente por encima de otras– en el país"[71]. Con mordacidad señala Serafín Fanjul que este régimen más se parecería al *apartheid* sudafricano que a la idílica Arcadia.

Rosa María Rodríguez Magda declara que lo que le interesa, y mueve en sus investigaciones[72], es desmontar la idealización que desde Occidente se hace del Islam. La autora expone la utilización ideológica del mito de al-Andalus, y desarticula la supuesta convivencia idílica y la oposición entre una sociedad islámica culta y refinada frente a la ignorante cristiana. Por otro lado, reivindica la Reconquista como una recuperación de lo usurpado violentamente, refutando a quienes lo consideran como el inicio del colonialismo europeo. En resumen, pone en cuestión ese al-Andalus que responde a un pensamiento de la corrección política al que acuden los intelectuales ideologizados que asumen el modelo edulcorado de un inexistente diálogo de civilizaciones.

Insiste sobre el mito del paraíso andalusí Darío Fernández-Morera en su estudio *El mito del paraíso andalusí*[73]. Narra la historia completa del gobierno islámico en la España medieval. Este supuesto faro de la coexistencia pacífica comenzó con la violenta conquista de España por los musulmanes. Lejos de promover la paz y la tolerancia religiosa, los gobernantes musulmanes mantuvieron su poder durante siglos a través de la fuerza bruta. Fernández-Morera documenta las

---

[71] Ibid. Pág. 368.

[72] Rosa María Rodríguez Magda, *Inexistente Al-Andalus*, Ediciones Nobel, 2008.

[73] Darío Fernández-Morera, *El mito del paraíso andalusí*, Almuzara, 2018.

numerosas formas con las que el gobierno islámico condujo a la represión religiosa y cultural, incluido el sometimiento de la población cristiana española. Acomete una revisión crítica de ese periodo, demostrando que los musulmanes no eran gobernadores benevolentes a pesar de la idealización de los defensores de la ocupación islámica, ajustándose con objetividad a los hechos históricos, lejos de interpretaciones parciales y tendenciosas sólo fundadas en un mito irracional.

No podemos tratar aquí la cuestión de la conquista musulmana de la península, de los pactos y la actuación de buena parte de las élites hispanogodas; cuánto de conquista o de sumisión pudo haber. Conquista que no fue tan vertiginosa pues se extendió entre el 711 y el 719. Y más quizá que por la resistencia de los clanes hispanogodos (condes enemistados entre sí), por los enfrentamientos de las diversas facciones de los invasores. A los notables y jefes árabes se habían sumado tribus bereberes norteafricanas (que llegarían a protagonizar un levantamiento posterior), así como sirios, yemeníes, etc. Las decenas de miles de guerreros árabes a la que se sumaría una cantidad aún mayor de bereberes (puede que el triple), se impondrán sobre la masa poblacional autóctona debido a su superioridad militar, organización y estructuras de poder.

Dominación política, militar, territorial, no significa dominación demográfica. Los invasores árabes que se superpusieron a la población autóctona fueron una minoría. Eso sin tener en cuenta que los invasores no eran sólo árabes —sí sus élites— sino también bereberes o sirios, como se ha apuntado (incluso esclavos de otras latitudes). La población autóctona, hispanogoda, se mezcló muy poco con la musulmana, por las razones indicadas más arriba, salvo en el caso de los conversos, porque lo de la élite árabe teniendo esposas o concubinas cristianas es meramente anecdótico.

A la observación de la significativa presencia de arabismos en la lengua española, cabe responder que es obvio y normal, pues fueron ocho siglos de contacto permanente, más conflictivo que tolerante, y los términos de las instituciones, las tácticas guerreras, las funciones de índole social, se trasvasaron de un sector al otro. Y si alrededor de 4000 palabras proceden del árabe, ¡el 70% de las palabras del español son de origen latino! (Y hasta algunas hay de origen godo).

Qué duda cabe de que el contacto –sea como fuere– durante ocho siglos tuvo que producir un enorme trasvase cultural (y en las dos direcciones). De tal suerte que no sólo se adoptaría buena parte del léxico, sino también prácticas jurídicas y legales, administrativas, científicas (médicas), de construcción (ingeniería), artesanales, agrícolas (en parte tomadas a su vez de los romanos), etc.

Pero retornando una vez más al asunto étnico, hay que insistir que tras la paulatina conquiste de Andalucía por los reyes cristianos, esas provincias fueron repobladas por cristianos del norte (Asturias, León, Castilla…); lo cual vino ocurriendo ya desde los siglos XII y XIII. Por ejemplo, Fernando III conquistó Sevilla en 1248; y la conquista de Toledo había ocurrido mucho antes, en 1085 debida a Alfonso VI (ya en el siglo XI). A los musulmanes derrotados se les ofreció las posibilidades de convertirse o el exilio, opción que escogió una mayoría. Y esta sustitución poblacional concluiría con la expulsión de los moriscos en el siglo XVII tras sucesos como la rebelión de las Alpujarras

No se sustenta, pues, la tesis de que genéticamente los españoles actuales tendríamos un fuerte ascendente árabe, por la escasa mezcla y el casi completo desplazamiento demográfico de los elementos alógenos. Se trataría en el mejor de los casos de una idealizada ignorancia; en el peor, de un mito de falsa propaganda antiespañola: querer ver señas identitarias donde ya no las hay, a fin de cuestionar la idiosincrasia nacional. Convivencia problemática, sí; mestizaje racial, casi nulo.

Si hemos considerado en las líneas precedentes cuestiones del tipo histórico, social, político, demográfico o cultural, tendremos que estimar también temas mucho más concluyentes desde un punto de vista científico. Para ello acudiremos a recientes (de unos pocos años acá) estudios de carácter genético.

Según investigaciones llevadas a cabo en los últimos años por la Facultad de Medicina de la Universidad de Harvard en colaboración con miembros del Instituto de Biología Evolutiva de Barcelona, se obtuvieron trabajos publicados en la revista *Science*, en los que se observaron nuevos datos sobre las poblaciones que habían habitado la Península Ibérica durante los 8.000 últimos años, y sobre la huella genética de poblaciones antiguas (griegos, romanos, árabes) dejada en los actuales habitantes.

Un hallazgo significativo fue que, entre hace 4.000 y 4.500 años, grupos nómadas procedentes del las estepas de Europa oriental reemplazaron progresivamente el ADN de los pueblos ibéricos, constituidos en realidad por múltiples tribus como los vacceos, arévacos, carpetanos, vetones, turdetanos, oretanos, etc., poco o mucho emparentados entre sí, si no fuera por su pertenencia a grupos lingüísticos. Los descendientes de los pastores nómadas procedentes de Europa del Este causaron un fuerte impacto genético, pues en sólo 400 años reemplazaron al 40% de la población local.

El estudio genético se llevó a cabo analizando los genomas de 271 personas que habitaron en distinta épocas la Península Ibérica, contrastándolos con estudios previos de los genomas de 1.107 individuos antiguos y 2862 personas modernas. El investigador del CSIC, Carles Lalueza Fox, señala que hubo sorpresa en este análisis:

> En particular, se observó que los linajes del cromosoma Y –heredado exclusivamente del padre– presentes en la Iberia del Neolítico tardío fueron casi completamente sustituidos por un linaje de origen estepario (R1b-M269). Esto sugiere que los nómadas procedentes de las actuales Rusia y Ucrania reemplazaron casi totalmente a los hombres que vivían en la región, aunque no hay evidencia de violencia generalizada[74].

Hoy en día, aproximadamente un 20 % del ADN de los españoles proviene de estos pastores esteparios.

Otro descubrimiento destacado del estudio es que el intercambio genético entre la Península Ibérica y África es mucho más antiguo de lo que se pensaba. Ya desde las Edades del Cobre y del Bronce se produjeron contactos, de tal manera que hubo flujo genético desde el norte de África hacia la península durante la época púnica y romana, bastante antes de la llegada musulmana del siglo VIII. Además, los individuos analizados de época islámica presentaban un componente genético norteafricano cercano al 50%, mientas que en los observados actualmente es de un 5%. Esta diferencia su-

---

[74] https://www.eldebate.com/ciencia/20241017/poblacion-sur-peninsular-no-tiene-adn-africano-andalus-no-dejo-rastro-genes-espanoles_236144.html

giere que la influencia norteafricana fue eliminada durante la Reconquista y la posterior expulsión de los moriscos.

En un estudio conjunto entre la Universidad de Santiago y la de Oxford, se establece un mapa genético de la Península Ibérica en la Edad Media. Según explica el catedrático Ángel Carracedo, lo más reseñable del estudio, realizado con datos de 1.413 personas, "son los movimientos poblacionales que se produjeron entre los siglos IX y XIII, y que se traducen en un mapa genético que se parece a cómo era la división política y lingüística del siglo XIV. Es muy indicativo de lo que ocurrió con la Reconquista"[75].

La sociedad de la época resulta ser bastante homogénea. El estudio genético de los haplotipos, es decir, el conjunto de marcadores genéticos estrechamente relacionados presentes en un cromosoma que tienden a heredarse juntos, demuestran una extensión uniforme de parentesco en dirección norte-sur siguiendo las líneas de la Reconquista, desde el Cantábrico y los Pirineos hasta Andalucía. Hay que tener en cuenta que la aportación de población árabe y bereber a partir de la invasión del 711 fue comparativamente escasa en relación a la base fundamental de la población, que fue la misma que en la época visigótica. Buena parte de los musulmanes –la mayoría– eran hispánicos; conversos, pero hispánicos.

Por otro lado, un estudio realizado en 2019 por investigadores de la Universidad de Granada ha acabado con la teoría de la descendencia española de los árabes. Confirma que los árabes que vivieron durante ocho siglos en España no han dejado apenas legado genético,

---

[75] https://www.xenomica.eu/2019/02/02/el-primer-mapa-gene-tico-de-espana-revela-la-huella-musulmana-y-de-la-reconquista/

mucho menos en cualquier caso que el trasmitido por los procedentes de otras latitudes (como el ya indicado de los de las estepas orientales).

El estudio publicado el año señalado en la revista *Scientific Reports*[76], realizado por un grupo de investigadores pertenecientes al Laboratorio de Identificación Genética de la UGR, revela en su informe que la población del sur de la Península Ibérica apenas tiene ADN africano. Este informe, que analiza los marcadores genéticos del cromosoma Y en individuos varones del sur de la Península Ibérica (concretamente de las provincias de Granada, Málaga y Almería), demostró que tienen un componente muy bajo de ADN del norte de África, similar al que existe en otros lugares de España y de otros países del Mediterráneo.

Señala la profesora María Saiz Guinaldo, autora principal del trabajo que: "La expulsión de los pueblos del norte de África y la repoblación de la zona con habitantes del resto de la península fue tan efectiva que, genéticamente, es difícil identificar algún trazo del legado genético dejado por los antiguos pobladores"[77].

En el artículo que expone las investigaciones que lleva por título *Sin 'Memorias de África'*, publicado en la revista Canal UGR, se explica que mediante la caracterización genética de variaciones en el cromosoma Y humano, se puede conseguir construir una herramienta que ayude a comprender la contribución genética de estas variaciones y su evolución. Esta información puede

---

[76] https://www.nature.com/articles/s41598-019-41580-9. Este artículo, completamente científico, con un lenguaje especializado en el campo de la genética (bastante incomprensible para legos), puede leerse online, en su versión española, en esta página.

[77] https://canal.ugr.es/noticia/poblacion-sur-peninsula-iberica-apenas-tiene-adn-africano/

aplicarse a distintas áreas de la ciencia, como son la Antropología, la Medicina Forense y otras muchas en la Biomedicina.

Y se concluye que: "Nuestros resultados revelan que ningún componente africano ha permanecido en la población del sur de la Península Ibérica, a pesar de haber estado ocupada por éstos durante 800 años –señala Saiz–. La presencia de haplogrupos típicamente africanos en la población de Granada, Málaga y Almería no es significativa cuando se compara con las frecuencias de éstos en poblaciones europeas, tanto mediterráneas como del norte de Europa"[78].

En el citado artículo publicado en *Scientific Reports* también se determina que: "El análisis de los cromosomas Y en la población de GMA [Granada-Málaga-Almería] indicó que la influencia masculina de los habitantes norteafricanos que pudieron permanecer en la población del sur peninsular no influyó en el legado genético de la población de esta región de forma más intensa que en otras poblaciones ibéricas. Tras la Reconquista de la región por los Reyes Católicos, la región fue repoblada con familias enteras procedentes del resto de la península. Aunque muchos de los moriscos que habitaban la región se convirtieron al cristianismo y aunque pudieron formarse matrimonios mixtos, los linajes del cromosoma Y indican que este fenómeno se produjo con una frecuencia tan baja que su escasa influencia impidió que sobreviviera a los 600 años que han transcurrido desde la disolución del Reino de Granada"[79]. Concluyente el estudio: reducidísima presencia del componente genético norteafricano en Andalucía.

---

[78] Ibid.
[79] https://www.nature.com/articles/s41598-019-41580-9

De todo lo anteriormente expuesto, tanto desde una perspectiva de los cambios históricos y sociales como de las indagaciones científicas de los estudios del genoma y el ADN (humanísticos o biológicos), se desprende que los españoles compartimos más ADN con una persona del norte o el este de Europa que con una nacida en el norte de África. Se puede afirmar, y de paso desmontar un mito, que los españoles apenas contamos con ascendencia norteafricana. Se podrá reivindicar, todo lo que se quiera, una cierta herencia cultural –más bien influencias en determinadas áreas–, pero el componente biológico genético queda rotundamente refutado.

Bibliografía

Felipe Maíllo Salgado, *Acerca de la conquista árabe de Hispania*, Ediciones Trea, 2011.

Serafín Fanjul, *Al-Andalus contra España*, Siglo XXI, 2000.

Serafín Fanjul, *La quimera de Al-Andalus*, siglo XXI, 2004.

Rafael Sánchez Saus, *Al-Andalus y la Cruz*, Tecnos, 2021.

Rosa María Rodríguez Magda, *Inexistente Al-Andalus*, Ediciones Nobel, 2008.

Darío Fernández-Morera, *El mito del paraíso andalusí*, Almuzara, 2018.

Armando Besga Marroquín, *Al-Andalus: La España que dejó de ser España*, Letras Inquietas, 2023.

https://www.poemas-del-alma.com /manuel-machado-a delfos.htm

https://parnaseo.uv.es/lemir/revista/revista7/romances.h tm

https://comentariotexto.wordpress.com/2008/03/02/com entario-del-romance-abenamar-abenamar/

https://www.eldebate.com/ciencia/20241017/poblacion-sur- peninsular-no-tiene-adn-africano-andalus-no-dejo-rastro-genes-espanoles_236144.html

https:// www.xenomica.eu/2019/02/02/el-primer-mapa-genetico-de-espana-revela-la-huella-musulmana-y-de-la -reconquista/

https://www.nature.com/articles/s41598-019-41580-9

https://canal.ugr.es/noticia/poblacion-sur-peninsula-ibe rica-apenas-tiene-adn-africano/

Índice